Wilhelm Gustav Werner Volk

Das Passionspiel zu Ober-Ammergau

Wilhelm Gustav Werner Volk

Das Passionspiel zu Ober-Ammergau

ISBN/EAN: 9783743406209

Hergestellt in Europa, USA, Kanada, Australien, Japan

Cover: Foto ©ninafisch / pixelio.de

Weitere Bücher finden Sie auf **www.hansebooks.com**

Das Passionsspiel

zu

Ober-Ammergau.

Von

Ludwig Clarus, pseud.

Zweite umgearbeitete und verbesserte Auflage.

Das Honorar des Verfassers fließt ausschließlich dem katholischen Kranken-
Hause in Erfurt zu.

München, 1860.
Verlag der J. J. Lentner'schen Buchhandlung
(E. Stahl.)

Vorrede.

In den ersten Tagen dieses Jahres las ich in der Augs=
burger Postzeitung, daß bereits im Dezember zu den nach
zehnjähriger Pause wieder bevorstehenden Aufführungen des
Passions=Spieles in lebhafter Weise Vorkehrungen getroffen
worden. Die Gemeinde sich bewußt, daß die Darstellung
des erhabensten Gegenstandes der Menschengeschichte nur unter
dem Schutze des Allmächtigen gelingen könne, hatte, nachdem
sie den 28. Dezember zur Rollenvertheilung bestimmt, diesen
Tag mit einer gottesdienstlichen Handlung begonnen. Die
nur an hohen Festtagen zum Dienste berufene große Glocke
ertönte in der Morgenfrühe und versammelte die Gemeinde
zu einem Hochamte in der Pfarrkirche. Hier betete die
ganze Gemeinde, daß ihr das große Vorhaben über=
haupt, dann aber, daß es ihr insbesondere gelinge die pas=
senden Persönlichkeiten für die Darstellung des hochheiligen

1*

Gegenstandes zu ermitteln, daß ihre Wahl eine glückliche sein möge. Nach beendetem Gottesdienste schritt die Gemeinde mittelst Abstimmung aller Theilnehmer am Spiele durch Stimmzettel zur Rollenvertheilung. Die Wahlen fielen im Allgemeinen zur Befriedigung derer aus, welchen Sachkunde zuzutrauen ist. Die Person Christi wird der Gemeindevorsteher Rupert Schauer vorstellen, der früher sehr gepriesene Darsteller dieser Rolle Flunger ist zum Pilatus gemacht. Die Rolle des Kaiphas hat der Sohn des Verlegers Johannes Lang erhalten. Annas wird vom vormaligen Joseph von Arimatha Gregor Stadler, Petrus von Jakob Hett, dem ehemaligen Rottenführer, Johannes von Sebastian Deschler dem frühern Lazarus, die Mutter Christi von Barbara Schaller, Magdalena von Josepha Lang, Martha von Maria Bierling u. s. w. vorgestellt werden. Nach der Rollenvertheilung werden alsbald die Proben beginnen und den ganzen Winter ausfüllen.

Diese Nachricht gemahnte mich, daß es an der Zeit sein möchte, an die Besorgung einer zweiten Auflage meiner kleinen Schrift über dieses merkwürdige Passionsspiel zu gehen Denn die erste im Jahre 1857 ausgegebene war, obwohl gar nicht in den Buchhandel gelangt, trotz einer Stärke von 1500 Exemplaren durch die helfenden Bemühungen christlicher Liebe, welche der zudringlichste und sinnreichste, nie abgewiesene Colporteur ist, nahezu abgesetzt. Sie hatte den schönen Reinertrag von ungefähr 500 Thalern geliefert, welcher für die kirchlichen Bedürfnisse des katholischen Krankenhauses in Erfurt bestimmt war. Es ist von diesem Betrage die Einrichtung einer kleinen Capelle bestritten, iu der fast täglich den barmherzigen Schwestern und den armen Reconvalescenten, welche den Weg nach einer Kirche noch nicht machen dürfen, eine heil. Messe gelesen wird. Der nicht verbrauchte Theil jenes reichen Ertrages ist in Zinsen tragenden Staatspapieren belegt und wird verwahrt und vermehrt bis sich eine Gelegenheit darbietet, jenen kirchlichen Bedürfnissen in einer noch umfassendern Weise abzuhelfen. Zur weitern Vermehrung dieses Capital-Stockes ist auch der vollständige Ertrag, den diese zweite Auflage dem Verfasser gewährt, bestimmt. Die Hoffnung auf Absatz gründen Verfasser wie Verleger auf den Umstand, daß es vielen Besuchern der diesjährigen Aufführungen erwünscht sein wird, als Vorbereitung auf und als Erinnerung an dieselben in einem wohlfeilen Handbüchlein Alles zusammen zu finden, was einem aufmerksamen christlichen Zuschauer von dem Passionsspiele zu wissen und zu behalten angenehm sein mag. Mit Hilfe der mir vom würdigen Hrn. Pfarrer Daisenberger zu Ober-Ammergau, welchem das Publikum mit mir für seine Gefälligkeit Dank wissen wird, gespendeten Belehrungen und neuern Hilfsmittel ist das Büchelchen von mir theilweis umgearbeitet und verbessert. Demselben liegt freilich die Aufführung von 1850 zum Grunde, weil die neue noch nicht benutzt werden konnte, welcher die Erscheinung dieser Schrift als Herold vorauseilt. Allein da wesentliche Veränderungen im Texte nicht vorgenommen worden, so wird nur das Wenige, was über das 1850 debutirende Personal stehen geblieben ist, im Laufe der Vorstellungen Antiquität, alles Uebrige aber durch dieselben nicht geändert werden. So schließe ich denn mein Vorwort mit

Wiederholung der bereits in der ersten Auflage vorgetragenen Bitte, um recht zahlreiche Abnahme eines Werkchens, dessen Werth vielleicht ganz gering anzuschlagen sein mag, das aber eine Gott gefällige Absicht verwirklichen helfen will und seinen Werth darein setzt, recht viele Hände zu Beisteuern öffnen zu können.

Ludwig Clarus.

I.

Einleitung.

Unter den im Jahre 1810 in den Münchener historisch-politischen Blättern veröffentlichten Aufsätzen nahm kaum einer mein Interesse stärker in Anspruch, als die Mittheilungen von Guido Görres über das Passionsspiel der Ober-Ammergauer im bairischen Hochlande. Nichts bedauerte ich so sehr, als durch die Verhältnisse vom Besuche dieser merkwürdigen Bühne abgehalten zu sein. Görres Darstellung war hinreißend genug, um den Entschluß zu der sechzig Meilen langen Reise hervor zu rufen, deren es bedurfte, um Ober-Ammergau zu erreichen. Da ich denselben nicht auszuführen vermochte, blieb nichts übrig, als mich mit der Hoffnung zu trösten, vielleicht im nächsten, erst nach zehen Sommern wiederkehrenden Spieljahre, wenn Gott Leben und Gesundheit dazu gewähren würde, der Aufführung jenes Passionsspieles beiwohnen zu können. Dieses Vielleicht ward dann im Sommer 1850 zur Wirklichkeit. Ich machte mir bald nach der Heimkehr Aufzeichnungen über das Passionsspiel und dessen Aufführung durch die Ober-Ammergauer und verarbeitete dieselben demnächst zu einer ausführlichern Schrift, welche ich zu veröffentlichen gedachte. Damals bewog mich zu diesem Vorhaben der Umstand, daß außer einigen gänzlich verschollenen, in wenig verbreitet gewesenen bairischen Blättern während der dreißiger Jahre und im Jahr 1840 erschienenen, wenig bedeutenden Veröffentlichungen nur der erwähnte Aufsatz von Guido Görres und der Bericht Eduard Devrients eingängliche und von gründlicherer Kritik zeugende Nachrichten über diese merkwürdige Aufführung gebracht hatten. Beide Arbeiten wa-

ren aber auch nur durch Zeitschriften in das Publikum gelangt
und drohten mit diesen im Laufe der Zeit zu verschwinden.
Deßhalb und weil meine eigene Arbeit von einem ganz andern
Gesichtspunkte ausging, konnte ich mir versprechen, durch Ver=
öffentlichung derselben dem Interesse des Publikums zu begeg=
nen. Verschiedene Umstände ließen es, nachdem ich meine Ab=
handlung beendet, zu deren Veröffentlichung nicht kommen.
Später nahm ich davon gänzlich Abstand, weil nicht nur der
Devrient'sche Bericht nachträglich als besondere Schrift erschie=
nen war, auch mehrere Aufsätze anderer Sachkundigen durch
Zeitschriften bekannt geworden waren, sondern hauptsächlich weil
der nun verstorbene Dompropst von Deutinger in München im
II. und III. Bande seiner Beiträge zur Geschichte des Erzbis=
thums München und Freising Alles, was über das Ober=Am=
mergauer Passionsspiel und dessen Aufführungen von handschrift=
lichen und gedruckten Nachrichten aufzutreiben gewesen war, zu=
sammengestellt und veröffentlicht hatte. Er war gegen das Pub=
likum selbst so gefällig gewesen, alle diese Aufsätze als beson=
dere Schrift unter dem Titel: „Das Passionsspiel zu Ober=
Ammergau" zu München 1851 ans Licht treten zu lassen. Auf
630 eng gedruckten Seiten in groß Octav findet man hier auf
das Vollständigste bei einander, was über die merkwürdige Er=
scheinung bisher geschrieben worden. Leider kostet das Buch nahe
an drei Thaler und liefert alle Nachrichten nur als Material,
weßhalb man auf eine Menge Wiederholungen stößt, welche die
Lecture des verdienstlichen Werkes unerquicklich machen und, wie
der hohe Preis, Viele abstoßen. Die in der Vorrede zu erken=
nen gegebene Absicht ein Sümmchen zu gottgefälligen Zwecken zu
erwerben, war der Anlaß, daß der Plan, über das Oberammer=
gauer Passionsspiel eine besondere Schrift ausgehen zu lassen,
wieder aufgenommen wurde. Die Benutzung und Verarbeitung
des von Deutinger aufgespeicherten Materiales, sicherte ihr we=
nigstens den Vorzug der Vollständigkeit vor allen ihren Vorgän=
gerinnen. So trat denn mein Buch 1857 in die Welt.

Neben Erreichung einer wohlthätigen Absicht wünsche ich auch mit dieser neuen Auflage bei denen, welche dieses Werklein zu lesen sich entschließen, die Ueberzeugung und das Anerkenntniß herbeizuführen, daß das Heilige auf der Bühne keineswegs entweihet wird; daß es viel leichter ist, die allbekannten großen heiligen Persönlichkeiten zur lebendigen Darstellung zu bringen, als unbekannte, noch so tugendhafte oder gottbegeisterte Menschen, von deren Größe und Seelenadel der Schauspieler in jedem Momente erst sein Publikum überzeugen muß, und daß endlich die Befähigung und Berechtigung der Schauspielkunst, das Heilige, wie jede andere Kunst darzustellen, auf eine Wirksamkeit den Blick eröffnet, welche die Bühne wieder auf das ganze Volk auszuüben vermöchte.

Die Protestanten, welchen diese Schrift in die Hände fallen könnte, wollen sich daraus anschaulich machen, welche unverwelkliche Jugendkraft noch der Religiosität des katholischen Volkes inne wohnt, und wie diese Erstaunliches zu vollbringen vermag, auch die schwersten Opfer nicht scheut, wenn es die Verherrlichung Gottes und seiner Auserwählten gilt.

Das vermittelnde Element gottesdienstlicher Feier, welches die Bühne der Alten wie des Mittelalters empor brachte, trug und hielt, verliert sich leider auch in katholischen Ländern immer mehr, weil hier ebenfalls der religiöse Sinn in dem Volke unter den Verführungen der gottesfeindlichen, überall verbreiteten Ideen der Zeit leidet. Ich kann, so lange jener Sinn nicht erst von Innen her wieder erstarkt ist, mich der von enthusiastischen Bewunderern des Ober-Ammergauer Passionsspieles ausgesprochenen Hoffnung, daß solche Schauspielfeste wie das Ober-Ammergauer an religiös und geschichtlich wichtigen Tagen, über das ganze Vaterland verbreitet, die Religiosität, die nationale Begeisterung wecken und befeuern würden, nicht hingeben. Woher sollen, wenn der religiöse Sinn nicht die geistlichen Schaustellungen ermöglicht, Personal, Kosten und Zeit genommen werden? Wie soll das Volk (denn durch gelernte Schauspieler wird man doch jene Darstellungen, welche eben eine gottesdienstliche

Feier sein müssen, nicht geben lassen wollen) sich getrieben fühlen können, die großen Momente unserer heiligen Geschichte,
das Leben der Glaubenshelden in großen feierlichen Spielen zu
verherrlichen, während man ihm von allen Seiten die materiel-
len Interessen als Ziel des höchsten Strebens darstellt und sogar
auf katholischen Universitäten durch vom Staate besoldete Pro-
fessoren, welche die gottlosesten Sätze ungescheut lehren, darstellen läßt. Gehet man mit solchem Gebahren nicht darauf aus,
ein Blatt nach dem andern aus jener heiligen Geschichte heraus
zu reißen und gerade die Geheimnisse, deren Darstellung erfolgen soll, zu höhnen und ihre Pflege abzuschaffen? Allerdings
erkenne auch ich das einsam stehende fromme Volksschauspiel der
Ober-Ammergauer an als ein Denkmal von der unverwüstlichen
innern Kraft unsers Volksgeistes, von den wohlbehüteten Schä-
ßen unseres Mittelalters, als ein Denkmal von der unzerstörbar
religiösen Natur der Schauspielkunst; aber ich kann nicht die
von Devrient geäußerte Meinung theilen, daß es nur so an uns
liege, jene Schätze zu heben und neu auszumünzen. Das ist
nur möglich mittelst der Religiosität des Mittelalters, an der es
uns eben fehlt. In protestantischen Ländern halte ich die Aufführung solcher Spiele, wie Devrient sie unter dem Volke weiter
erstehen zu sehen hofft, für ganz unmöglich. Erklärte doch selbst
ein Göthe, dem man einen übertriebenen Christianismus wahr-
lich nicht Schuld geben darf, „daß sich noch das Ende von jenen
unerfreulichen Geistesverirrungen schwerlich ab- und voraussehen
ließe, die seit der Reformation dadurch bei uns entstanden, daß
man die Mysterien derselben dem Volke Preis gab und sie eben
dadurch der Spitzfindigkeit aller einseitigen Verstandesurtheile
bloßstellte." Hiermit ward die Freiheit gegeben oder vielmehr
genommen, die Glaubenswahrheiten anzuzweifeln und deren historische Ursprünge, so wie die Thatsachen, auf denen sie be-
ruhen, in Ungewißheit zu stellen, zu leugnen und zu verwerfen.
Daher dürfte schwerlich in irgend einer protestantischen Gemeinde
Glaubenseifer und fromme Andacht ausgebreitet genug sein,

um religiöse Schauspielfeste zu vertragen und zu begehen. Religiöse Ideen schaffen und unterhalten hier keine Andacht erregenden Volksschauspiele mehr. Die Einfalt des Mittelalters, welche allein solche Darstellungen möglich macht, ist gegen die moderne Kunstkritik eingebüßt, welche selbst dem Ober-Ammergauer Passionsspiele sich umschaffend und vermeintlich bessernd genahet hat. Am bedenklichsten aber ist die Abneigung des bei solchen Schaustellungen unentbehrlichen s. g. intelligenten Theiles der Gemeinde dagegen. Diese gibt eine Erniedrigung des Göttlichen durch die Volksbühnenkunst vor und hegt die zarte Besorgniß, der in der Passion mißhandelte Gott werde zu sehr ihres Gleichen werden. Diese Besorgniß hat vorzüglich im aufgeklärten Jahrhunderte, wo doch die Gottheit Christi von der herrschenden Weisheit eine Thorheit gescholten ward, den geistlichen Volksspielen den Garaus gemacht, wie in nachfolgender Schrift noch näher nachgewiesen wird. Nicht der gläubige Christ ärgert sich an den Schaustellungen, sondern der superkluge Rationalist, an welchem nichts christlich ist, als die ihm ohne sein Wissen ertheilte Taufe. Da wird denn behauptet, Christi Rolle könne kein Sterblicher würdig spielen. Man vergißt dabei ganz, daß der göttliche Stifter unserer heiligen Religion ausdrücklich verlangt, wir sollen ihm folgen, ihm nachahmen, unser Leben in das seinige hinüber bilden, ihn in uns auferstehen lassen. Wenn diese höchste Anforderung an uns gemacht wird und wir deren Erfüllung würdig befunden werden, dann soll es ein Frevel sein, zur Erbauung Anderer den Gottmenschen auch in seinem äußern Thun, in seiner Leiblichkeit darzustellen mit dem edelsten Stoffe, den die Erde beut, durch den Menschen, während den übrigen Künsten das Gleiche in unedeln, völlig irdischen Stoffen gern bewilligt wird?*) Ohne den (auf die Ober-Ammergauer durch

*) Die Erheber des Einwandes: daß die Darstellung der Passion des Gottmenschen eine Frivolität sei, denken wohl nicht daran, wie sehr sie ehemals der geistliche Castraten-Gesang in der katholischen Kirche

Ueberlieferung in die Gegenwart fortgepflanzten) mittelalterlichen Frommsinn soll und kann keine Gemeinde ein Passionsspiel, wie das hier in Rede stehende, in Ausführung zu bringen sich unterstehen. Jener Geist aber ist (zumal aus dem protestantischen Volke) zur Zeit stark gewichen, und Devrients fromme Hoffnung wird daher weder unter den gegenwärtigen noch unter den zu erwartenden künftigen Verhältnissen so bald in Erfüllung gehen. *)

Gleichwohl war es auch unter den Protestanten in dieser Beziehung anfänglich ganz anders bestellt, als beim Fortschritte der Reformation die Sache sich gestaltet hat und theilweise auch angesehen wird. Allzu protestantisch sein wollende Literatoren und Aesthetiker sehen nämlich mit einer vornehmen Verachtung auf die geistlichen Schauspiele des Mittelalters und namentlich die Mysterien herab, welche zur Verherrlichung des katholischen Glaubens in allen christlichen Ländern dargestellt wurden, und geben sich die Miene, als sei dergleichen ästhetischer Unrath durch den beseligenden Fortschritt, der ihnen Reformation heißt, hinweggefegt worden. Dabei darf man sie aber jetzt eines bösen Willens oder der Unwissenheit beschuldigen. Schon Mone sagt in seinem Buche; Schauspiele des Mittelalters sehr treffend: „Was so lange die Gemüther bewegte, wie das Schauspiel des Mittelalters, verdient schon deßhalb eine Rücksicht; denn die lange Wirkung setzt einen Grund voraus, der tief im Gemüthe des Volkes lag.“ Dieses erkannten auch die dem Mittelalter noch

---

zu Dresden und anderwärts entzückt hat, und wie gemiethete Sänger, welche mit frechen Blicken die Kirche ausmessen, mit Oratorien und der Graunschen Passion sie erfreut haben. Für solche Aufführungen habe ich bis jetzt den Vorwurf der Frivolität noch nie, wenigstens nicht von jener Seite vernommen.

*) Daß die in andern Gemeinden des In- und Auslandes neuerdings versuchte Wiederbelebung geistlicher Spiele einen Erfolg gehabt, der mit den Oberammergauern concurriren könnte, ist nicht glaubwürdig bekannt geworden.

weit näher stehenden Häupter der Reformation besser als jene
Literatoren. Wenn es früher vielleicht weniger bekannt war, so
ist es doch nach dem Erscheinen von Gervinus sehr verbreiteter
Geschichte der deutschen Dichtung, mithin seit ungefähr 25 Jahren,
nicht mehr erlaubt, in Unkunde darüber zu sein, daß die Reformation sich solcher geistlichen Aeußerungen gerade recht ge-
flissentlich bedient hat, um ihre neugeschaffenen Kirchenthümer zu
befestigen. Luther selbst hatte den Ton zu solchem Beginnen
angegeben. Er nannte das Buch: Judith und die Geschichte des
Tobias, welche jetzt freilich in den von Bibelgesellschaften verbreiteten Bibeln häufig fehlen, schöne Gedichte, liebliche gottselige
Komödien. Er sprach sogar die Vermuthung aus, die Juden
möchten solche Gedichte wie die Deutschen die Passion gespielt
haben. Fast alle Vorreden zu geistlichen Schauspielen protestantischer Verfasser berufen sich fortan auf dieses Zeugniß des Re-
formators. Alle nennen die geistliche Komödie einen Tugend-
und Lasterspiegel, durch den sich das Geprebigte um so besser
einprägen müsse, weil es zugleich g e s e h e n werde. Alles ging
nun in den zahllos zum Vorschein kommenden und fast immer
auch aufgeführten geistlichen Schauspielen auf evangelische Lehre
aus. Die Aufführung dieser Stücke ward eine Handhabe der
neuen Hierarchie. In Nachahmung der alten Mysterien zur fortgesetzten Feier der Passion und anderer christlichen Feste war
jeder Pastor und Cantor, aus denen, als studirten Leuten, damals noch Pfarrer werden konnten, behilflich. Fehlte es an einem
Terte, so begnügte man sich mit dramatisirten Bibelkapiteln und
machte dabei die Erfahrung, wie die bloße Anbringung der Worte
der heiligen Schrift den Gedankengang der Zuschauer elektrisirte.
Hauptsächlich mußte sich die Schuljugend zu Darstellern von solchen Stücken hergeben, weil ja bei ihr die didaktische Absicht der
Aufführung am besten erreicht werden konnte, indem sie in ihr
empfängliches Gemüth die lebendig verkörperten Wahrheiten des
Heils zu stetem Gedächtnisse am nachhaltigsten aufnehmen mußte.
In der didaktischen Weitläufigkeit dieser Stücke ging alle poe-

tische Intention und Form verloren. Es blieb kein Geist und kein Leben in der Handlung und selbst der Stoff der heiligen Geschichte litt dabei, indem er seine Würde einbüßte. — „Nachdem endlich (sagt Gervinus III, 89) gar die protestantischen Figuren und Mysterien, die dramatisirten Geschichten des alten und neuen Testamentes, von den präadamitischen Disputationen Gottes mit dem Satan an bis zu den postapostolischen Schicksalen des Christenthums, Mode wurden, verfiel diese Gattung." Doch erhielten sich dergleichen Aufführungen, welche sogar durch milde Stiftungen auf den Gymnasien geordnet waren, bis tief in das vorige Jahrhundert hinein.

In meiner Großvaterstadt Quedlinburg gab es gegen die Mitte dieses aufgeklärten Jahrhunderts noch Passionen und Lebensläufe der Patriarchen, welche zur Darstellung kamen. Auf allen Schulen in Sachsen und Schlesien spielten die Schüler noch die ihrem Stoffe nach aus der heiligen Geschichte entnommenen Schauspiele des fruchtbaren Schulrektors Christian Weise (1642 bis 1700). Wenn dieser auch gegen die Einführung Jesu und des Satans auf die Bühne war, weil man zur Rolle des letztern Niemand verdammen sollte, die des erstern aber von Niemand würdig gespielt werden könne: so trägt er doch kein Bedenken, in seinen alttestamentlichen Stücken „Hanswürste, Pikkelhäringsspäße, galante Prinzen, Forstgerechtigkeiten und Grenzstreitigkeiten in die alte patriarchalische Zeit" einzulegen. Selbst zu allegorischen Auto's versteigen sich diese protestantischen Religions-Dramatiker. Der Bräutigam Christus holt in verschiedenen derselben seine Braut Ecclesia auch wie im Lustspiele heim. Ein Hr. Knorr von Rosenroth verfaßte ein allegorisches Lustspiel von der Vermählung Christi mit der Seele. Gervinus (III, 427) giebt den Inhalt dieses Stückes also an: Unter einem Könige Dahar wird die Wirklichkeit verstanden. Er liebt die Nasima (Seele) und die Abibe (Leidenschaft, untern Seelenkräfte). Nasima aber verlobt sich mit Fedil (der wirkenden Tugendart einer hochgestiegenen Seele), dieser aber überläßt sie aus Freundschaft dem Mamsuh, dem Gesalbten, Christ (die Namen sind aus dem Arabischen bezeichnend). Abibe, weil sie von Mamsuh erfährt, daß Dahar, eigentlich seines Vaters Unterthan, vogelfrei und Usurpator sei, ermordet ihn, und dann löst sich die Sache: Mamsu wird mit Nasima, Fedil mit Abibe vermählt. —

Aber nicht nur in Deutschland, auch in andern der Reformation beigetretenen Ländern ist die Aufführung geistlicher Schauspiele benutzt worden, um in anschaulichen Bildern und Darstellungen die religiösen Lehren der jungen Kirche den Zuschauern einzuprägen.

England scheint allein diesen Gebrauch der Bühne verschmäht zu haben. Möglich, daß die um die Zeit der Vollendung der Reformation in England eingetretene Blüthe der weltlichen dramatischen Kunst geistliche Schauspiele nicht aufkommen ließ, und der gebildete Geschmack traurige Hervorbringungen der Art, wie die geistliche Muse in andern protestantischen Ländern sich erzog, nicht duldete.

In den Niederlanden, wo im XVI. Jahrhundert eine solche Geschmackskultur noch nicht herrschte, als jenseits des Canales, wurden bald nach der Reformation wieder regelmäßige Aufführungen geistlicher Stücke üblich. Selbst große Geister, wie Heinsius und Grotius, verschmähten nicht, in dieser Art Poesie sich zu versuchen, namentlich ist Grotius leidender Christus bekannt geworden. In den Niederlanden fand diese Art geistlicher Poesie solchen Anklang, daß selbst der größte Dramatiker der Nation, Vondel, dieselbe kunstmäßig auszubilden sich befliß, im Lucifer den Fall der Engel dramatisirte und des Erzvaters Joseph Geschichte in eine dramatische Trilogie brachte. Noch im vorigen Jahrhundert ließ der niederländische Dichter Feith einen Nachhall dieser geistlichen dramatischen Poesie in seiner Thirza vernehmen, worin die Geschichte der Mutter und ihrer sieben Söhne aus dem Buche der Maccabäer in Handlung gesetzt ist. —

In Schweden fand schon der Reichs-Reformator Petri für nöthig, dem Volke durch geistliche Schauspiele Religion und Moral zu lehren. In der Vorrede zu seiner Komödie vom Tobias beruft er sich auf die Vorfahren, welche in Komödien von heiligen Leuten gute Vorbilder aufgestellt hätten. — Ein anderes gleichzeitiges Drama behandelt die Schöpfung und den Fall des ersten Menschen. Noch ein ganzes Jahrhundert hindurch wurden dergleichen Schauspiele in Schweden gedichtet, in denen auch Allegorieen und Personificationen von Tugenden und Lastern versucht sind. —

Nicht minder als in Schweden bemächtigten sich auch in Dänemark die Geistlichkeit und die Schulmänner der dramatischen geistlichen Poesie als Religions-Lehrmittels. Der Schulmeister Christian Haefer hatte schon 1531 eine Komödie von der heil. Dorothea geschrieben; doch war er vielleicht noch kein Protestant. Dagegen lieferte der Rector, nachmalige Bischof, Hegelund († 1614) fünf geistliche Schauspiele (Abel und Kain — Abraham — Lazari Auferstehung — die zehn Ausätzigen — vom reichen Mann und Lazarus — Susanna). Der Prediger Justi († 1607) componirte einen dramatischen Salomo und Samson. Der Rector und nachherige Prediger Thögersen († 1634) schrieb eine Komödie vom Nabal aus dem 25. Capitel des Buches Samuel. Prediger Thiboe dramatisirte die Geschichte Absalons. Auch der berühmte Bischof Pantoppidan († 1678) konnte sich nicht enthalten, eine Komödie vom gottesfürchtigen Tobias zu dichten.

Wenn man nun zu dem Allen noch hinzunimmt, daß die deutschen geistlichen Stücke des berühmten Pegnitzschäfers Johann Klai, sich förmlich an den kirchlichen Gottesdienst anlehnten und in der Kirche*) aufgeführt wurden, so darf man nicht den

---

*) Prediger Dilher schlug schon Sonnabends einen poetischen Schauspielzettel an die Thüren seiner Kirche des Inhalts: wer morgen nach Chor und Predigt dem Poeten zuhören möchte, was er vom Musenhause Süßes bringe, der möge in der Kirche bleiben.

mindesten Zweifel hegen, daß alle diese protestantischen Spiele zu der Gattung kirchlicher Schaustellungen der großen Religions=Dramen gehörten, welche im gleichen Mittelalter bereits die Gestalt hatten, in welcher die Schulmänner und Geistlichen der Reformation dieselben gaben. Wenn diesen Stücken des Stubirstubenfleißes die Ursprünglichkeit abgeht, welche die früheren Mysterien zeigen und dieselben gleichwohl häufig gedruckt sind, so sollte man protestantischer Seits, dieses erwägend, ja nicht so schnöde auf die katholischen Religionsdramen herabsehen und dieselben zu einem abgünstigen Urtheile über katholische Kunst und Gesinnung gebrauchen. Ich kann es daher wohl wagen, ohne diese Parthei=Entgegnung fürchten zu dürfen, eins der übrig gebliebenen Spiele dieser Art und dessen noch jetzt Statt findenden Darstellungen zu besprechen.

II.

Oertlichkeit und Geschichte von Ober-Ammergau.

Reise dahin und wie man's dort gefunden.

⌣ ⌣

Bevor wir die Reise von Ober-Ammergau antreten, wollen wir Gegend und Ort, wo diese sinnige Offenbarung eines innern religiösen Lebens sich zeigt und ihre Geschichte uns, namentlich in Bezug auf die Momente ein wenig näher ansehen, welche für das Passionsspiel von Bedeutung zu sein scheinen.

Das Pfarrdorf Ober-Ammergau liegt im südwestlichen Theile von Oberbayern, 2600 Fuß hoch über der Meeresfläche. Unweit der Tyrolischen Gränze dehnt es sich in einer angenehmen Thalebene aus. Es erhebt sich auf dem rechten Ufer der Ammer, die im Bezirke der benachbarten Gemeinde Ettal entspringt, gerichtszehörig ist es nach Werdenfels. Seine Pfarrei gehört unter das Land-Capitel Raitenbuch. Das Thal von Ammergau war ohne Zweifel bereits zu den Römerszeiten bevölkert. Seine gegenwärtige Bevölkerung ist eine Vereinigung aus schwäbischen, altbayerischen und tyrolischen Elementen. So ist auch die Sprache der eingebornen Ober-Ammergauer ein Gemisch von bayerischer, schwäbischer und tyrolischer Mundart. Meistens ist der Wortstamm bayerisch und lautet wie überall in Altbayern. Die Endsylben aber werden in schwäbischer Weise gesprochen z. B. saga, glaba, Hirta, bachla u. s. w. Die Aussprache der Kehllaute erinnert an die tyrolische Nachbarschaft. Aus dieser Mischung verschiedener Volksstämme ist eine Nationalität hervorgegangen, in welcher sich die drei genannten Stämme gar wohl zurecht finden und heimisch fühlen. Dieß bemerken Alle, welche auch nur ein einziges Mal nach Ober=Ammergau gekommen. Die Ammergauer selbst empfinden es offenbar. Denn jederzeit findet der Schwabe und Tyroler bei ihnen eine Aufnahme wie ein Reisender sie bei einem alten Freunde und Verwandten findet. Der Schwabe giebt aber auch gern seine Tochter den Braut= werbern aus dem Bayerlande und wenn's ihm am linken Lech= ufer nicht mehr gefallen will, zieht er hinüber in's Bayernland und treibt drüben seine Wirthschaft wie er es daheim gethan. In der Regel fand er bis jetzt noch dabei seinen Vortheil. Andrer= seits nimmt man in diesem bayerischen Gebirgsvolke viel von dem kernhaften naturwüchsigen Tyrolergeschlechte wahr und darum weilt der Tyroler gern unter dem gefühlsverwandten Geschlechte des Ammerthales. Die Vereinigung der drei Nationalitäten drückt sich auch im Charakter der Ammergauer ab. Die Meisten ver= binden mit der Geradheit und Freimüthigkeit des Bayers und dem Witze und der Klugheit des Tyrolers, den muntern heitern Sinn und die Lebhaftigkeit und Gesprächigkeit der Schwaben. An Einzelnen treten die Eigenschaften des einen oder des andern dieser Volksstämme mehr hervor.

Die höchste Wahrscheinlichkeit spricht dafür, daß unter dem Na= men Coveliacae, welcher sich in der Benennung des Berges Kofel bis in die Gegenwart gerettet hat, die Römer an ihrer von Verona nach Augsburg geführten Heerstraße auf der Stelle des heutigen Ober=Ammergau eine Station hielten. Historisch wirklich nachweis= bar taucht das Ammergau aber erst im IX. Jahrhunderte als ein kleiner Gau Bojoariens auf, der unter der Herrschaft der Welfen stand und neben den beiden eine Stunde weit auseinander liegenden Dorfschaften auch Saulgrub, Soien und andere vor dem Gebirge be= legenen Ortschaften in sich begriff. Ethico ein angesehener Fürst aus dem Welfenstamme nahm im IX Jahrhundert in Ammergau seinen Wohnsitz. Er war ein Bruder oder ein Bruders Enkel von der schönen Jutta der Gemahlin Ludwigs des Frommen, einer Welfin. Aus Verdruß darüber, daß sein Sohn ein Lehens= mann des Kaisers geworden, zog Ethico in seinen alten Tagen

2*

sich mit 12 Getreuen zur Villa Ambrigo, um dort mit diesen Wenigen eine klösterliche Genossenschaft zu bilden und zwischen den hohen Bergen der niedrigen und widrigen Welt zu vergessen. Diese Klostergemeinde ward später nach Altomünster verlegt. Wahrscheinlich gab diese Verlegung Anlaß zur Gründung einer eigenen Pfarrei in Ober-Ammergau, wo Ethicos Urenkel Heinrich der Schwarze 1121 über dieses Ahnherrn Grabe eine Kirche erbauen ließ. Seit der Stiftung des Klosters Reiten- oder Rothenbuch wurden die priesterlichen und seelsorglichen Funktionen im Ammergau vielfach von Ordensmännern dieses Klosters besorgt. Im XII. Jahrhunderte veräußerte ein Welfe seine Besitzthümer im Ammergau (gegen 60 Höfe) an seinen Neffen den Kaiser Friedrich den Rothbart. Nun waren die Hohenstaufen einige Geschlechtsfolgen hindurch Herren des Ländchens. Nach des unglücklichen Conradin Tode fiel, seinem Oheim dem Herzoge Ludwig von Bayern nebst der weiten Umgegend auch alles Hohenstaufische Besitzthum im Ammergau zu. Von da an blieb Ammergau stets mit dem Herzogthume Bayern vereinigt bis auf den heutigen Tag. Die bayerischen Könige sind Nachkommen der Welfen und Hohenstaufen, indem sie von des Welfen Heinrichs des Löwen Tochter Agnes und von des hohenstaufischen Kaisers Conrad eben so genannten Tochter Agnes in gerader Linie abstammen. So steht Ammergau noch heut zu Tage unter einem Landesherrn, der aus dem Geblüte derer stammt, die vor mehr als 1000 Jahren in demselben Gau geherrscht haben. Diese Continuität befördert bleibende Traditionen, wie diese wiederum ein Beweis jener sind. Dieser Punkt ist nicht zu übersehen, wenn man für die Beharrlichkeit, womit man in Ober-Ammergau am Passionsspiele fest gehalten, nach Erklärungen sucht. Das schon von den Welfen an das Stift Kempten übertragen gewesene Patronatrecht über die Ammergauer Pfarrei kam gegen Ende des XIII. Jahrhunderts von diesem Stifte an das Kloster Rothenbuch. Inzwischen waren auch die an die Herzoge von Bayern gekommenen Welfischen Besitzungen Klostergut geworden. Kaiser Ludwig der Bayer hatte nämlich einem in Italien gethanen Gelübde entsprechend, den engen Gebirgswinkel der Pfarrei Ober-Ammergau durch welchen man aus dem Ammerthale in das Thal der Loisach hinabgelangt, zum Sitze eines Klosters und Ritterstiftes gemacht und dort das berühmte Stift Ettal angelegt. In der Kirche desselben setzte er das holde Bild der seligsten Gottesmutter, das er aus Italien mitgebracht, zur frommen Verehrung der Gläubigen aus. In der Stiftungsurkunde des Klosters vom Georgentage 1330 ertheilte oder bestätigte er den Bauern von Ober-Ammergau ihr Erbrecht. Von den Banden der Leibeigenschaft entledigt, lernten die Bauern sich als freie Leute fühlen und wurden ein achtbarer Stand, früher zu hochsinnigen Unternehmungen fähig, als in andern Theilen Deutschlands, wo das Landvolk noch in keiner so freien und glücklichen Verfassung lebte. Auch dieses Moment ist bei Beurtheilung der Selbstständigkeit des Ober-Ammergauer Passionsspieles wohl in's Auge zu fassen. Bald nach Stiftung des Klosters Ettal ward der in's Gebirg hineinziehende Bezirk von der Pfarrei Ammergau abgetrennt. Die nothwendige Fürsorge für die Unabhängigkeit der neuen Klostergemeinde zu Ettal erforderte, daß daselbst eine eigene Pfarrei errichtet wurde. Mit Einwilligung des Klosters Rothenbuch ward aus der Pfarrei Ammergau der Ort Ettal und das Graswangerthal zur Errichtung der neuen Pfarrei ausgeschieden. Die Kirche zu Ettal erhielt für diesen Bezirk alle pfarrlichen Rechte, die durch einen Priester des Klosters ausgeübt werden sollten. Das Kloster hatte auch das Recht erhalten, einen Richter über den Bezirk Ammergau zu setzen. Dieser nahm seinen Sitz zu Oberammergau. Das Dasein eines lebendig aufstrebenden Geistes im Volke, den die ihm verliehene freie Verfassung geweckt hatte, gab sich durch mancherlei Reibungen und unruhige Bewegungen kund, welche zu wiederholten Irrungen zwischen der Grundherrschaft und den Unterthanen bezüglich ihrer beiderseitigen Rechte führten. Hatten dabei auch die Aebte von Ettal sich öfters des „unbescheidentlichen Ueberlaufens von ihren Unterthanen" halber bei der fürstlichen Obrigkeit zu beschweren und erlaubten sich auch die Unterthanen zuweilen selbst sträfliche Ungebür gegen ihre Gerichtsobrigkeit, so wuchs dabei doch der selbstständige und gerade Sinn der Unterthanen und die Zwiste, wichen stets wieder einem guten Einvernehmen.

Auch die Führung des Güterzuges durch das Ammerthal war für Ober-Ammergau sehr vortheilhaft. Der lebhafte Handelsverkehr, welcher im XIV. und XV. Jahrhundert besonders mit den Erzeugnissen Ostindiens von Italien her nach den Niederlanden und Nordbeutschland stattfand, nahm auf seinem Zuge von Venedig nach Augsburg seinen Weg durch Ober-Ammergau. Die Einwohner desselben erhielten durch das Fuhrwerk, das sie dabei übernahmen, vielen Verdienst und Gelegenheit, sich auch außer der Heimath umzusehen. Diejenigen, welche dieses Fuhrwesen betrieben, bildeten unter den Namen Rottfuhrmänner oder Rottmänner eine eigene Innung. Damit die Dorfleute vom Güterdurchzuge einen noch bessern Verdienst erhielten, that schon Kaiser Ludwig 1332 „den bescheidenen Leuten, den Burgern und der Paurschaft gemeiniklich zu Ammergau die Gnad, daß alle Kaufmannschaft, die da durch und für goth, von wann die sein und wo sie hingehn, daselbs Niederlag haben und nieder gelegt werden.“ Noch wird die Stelle gezeigt, wo das Waarenniederlagegebäude gestanden hat. Dieser städtische Erwerbzweig und der dadurch herbeigeführte Verkehr brachte natürlich auch eine höhere Cultur unter die Ammergauer als die Landleute jener Zeit anderwärts erlangen konnten. Für die Kaufleute, Pilger und Andere, die zu Ober-Ammergau über Nacht blieben und etwa Morgens vor der Weiterreise gern eine Messe haben möchten, ward eine Frühmesse gestiftet.

Im Kloster Rothenbuch war Holzschnitzerei die Beschäftigung der Klosterbrüder. Als 1111 acht Missionäre von Rothenbuch ausgesendet waren, um in der Wildniß von Berchtesgaben ein neues Chorherrnstift zu gründen, wurde durch diese Brüder die aus dem Ammergau mitgebrachte Kunst, allerlei Blumen, Hausrath zu schnitzen und zu brechseln, auch zu Berchtesgaben geübt und unter den dortigen Ansiedlern verbreitet. Hiernach ist anzunehmen, daß die Holzschnitzerei auch in Ober-Ammergau schon im Anfange des XII. Jahrhunderts ein Erwerbszweig gewesen sein mag und das Stift Rothenbuch sich bei seiner Errichtung eben mit Brüdern, die dieser Arbeit kundig waren, bevölkert hat. Ohne Zweifel haben auch die Ober-Ammergauer während des vieljährigen Baues des Klosters Ettal von den dort beschäftigten bildenden Künstlern Manches gelernt, wodurch ihre Arbeiten vollkommener und manichfaltiger wurden. Die neu entstandene Wallfahrt nach dem Gnadenbilde von Ettal mag sie besonders auf den Gedanken gebracht haben, sich im Formen von Muttergottesbildern, Crucifixen und andern geistlichen Darstellungen zu versuchen, indem der Zusammenfluß der Pilger ihnen guten Absatz verhieß. Den Kleinbegüterten und Tagwerkerfamilien welche sich neben den Besitzern größerer Bauerngüter in Ammergau angesiedelt, um unter dem Schutze und mittelst Unterstützung des Klosters zu leben, mußte es willkommen sein für Zeiten, wo durch Tagwerk weniger zu verdienen war, einen Nebenerwerb zu haben. Deßhalb wendeten sich immer mehre Gemeindeglieder der Schnitzkunst zu und trugen die Erzeugnisse ihres Kunstfleißes, so viel nicht am Orte selbst verwerthet werden konnte, entweder selbst oder durch Andere in die durch ihre Handelsstraße ohnehin geöffnete weite Welt. So pflanzte sich dieser Erwerbszweig seit Jahrhunderten in diesem Orte fort. Es wurden aber auch noch andere städtische Gewerbe zu einer Zeit in Ober-Ammergau getrieben, wo anderwärts die Strenge des Zunftwesens dieselben auf dem Lande noch nicht duldete. Es gab hier schon im XVI. Jahrhundert Kupferschmiede, Sattler, Uhrmacher, Kistler, Schlosser, Glaser. Ja es war auch ein Meister Bader vorhanden, dem später die Gesundheitspflege des Ortes oblag und der dafür schon im XVII. Jahrhundert von der Gemeinde besoldet ward.

Zu Gunsten der Unter-Ammergauer, welche noch zur Kirche in Ober-Ammergau eingepfarrt blieben, ward 1481 eine besondere Kaplanei gestiftet, welche an jedem Sonn- und Zwölfbotentage und außerdem zweimal in der Woche zu Unter-Ammergau Meße halten mußten.

Nachdem Jahrhunderte lang die Künste des Friedens im Ammerthale geblüht, entlud sich 1552 zum ersten Male die Kriegsdrangsal über die so lange gesegnet gebliebene Gegend. Moritz von Sachsen fiel rebellisch in Oberdeutschland ein. Seine Rotten hausten scheußlich in Ettal und vermeinten die Reinheit ihres Lutherthums am sichersten durch jede Art von Vandalismus in diesen heiligen Hallen manifestiren zu können, selbst das Muttergottesbild ward durch Umwerfen des Tabernakels beschädigt.

Die Vermehrung der Ansiedlungen und der Bevölkerung machte eine Zertheilung der Höfe und Vermehrung der Haushaltungen nothwendig, dadurch gewann die Cultur des Bodens sehr bedeutend. Das Reisach, welches nur aus Filz und Moos bestand, ward urbar gemacht. Trotz der mancherlei Erwerbsarten trat unvermerkt eine Uebervölkerung in Ober-Ammergau ein. Viele Leute hatten sich auf eine bloße Herberge oder Stube angesiedelt oder hatten nur eine Miethwohnung, alles ohne Bewilligung der Gutsherrlichkeit. Es trat Theuerung ein und nun erkannte man die Last der Uebervölkerung. Die Gerichtsherrschaft that derselben auf eine höchst summarische Weise Einhalt. Der Abt und der Pfleger erschienen mit Executoren und gingen im Dorfe herum, um zu sehen, wo neue Behausungen aufgerichtet waren. Die neugebauten Stuben wurden abgeschafft, die Oefen eingeschlagen, die Einwohner hinweggewiesen. Die nicht mit guten Willen gingen, wurden mit Gewalt auf Wägen geschmiedet und nach Au geführt, wo sie ein Floßmann, der mit Wetzsteinen nach Wien handelte, mit Weib und Kindern nach Oesterreich führte. Später verminderten „Kriegsjahre und Sterbsläufen" die Bevölkerung dergestalt, daß man Aecker und Wiesen nicht einarbeiten konnte. Man lud daher die Ausgewanderten zur Heimkehr ein. Allein Niemand nahm die Einladung an.

Nachdem die ersten Jahrzehnte des XVII. Jahrhunderts für Ober-Ammergau in glücklicher Ruhe verflossen waren, kam

die so bedrängnißvolle Noth des 30jährigen Krieges auch in's
Bayerland, dieser Krieg lebt unter dem passenden Namen des
Schwedenkrieges im Volke fort. Dieses hat richtiger gefühlt
als Schiller und andere Geschichtschreiber dies furchtbaren Kriegs,
daß dessen letzte und wichtigere Hälfte lediglich vom Ehrgeize der
schwedischen Eroberung herbeigeführt und getragen worden. Im
Mai 1632 kamen die barbarischen Nordlandssöhne in den süd-
lichen Ammergau und dessen Umgebungen. Allenthalben plün-
derten, brandschatzten sie. Abgebrannte Häuser und Dorfschaften
waren die schäublichen Zeugnisse der Anwesenheit dieser Anhänger
einer gereinigten Lehre, welche die unschuldigen Bauern unmensch-
lich quälten, auch viele derselben mit grausamer Mordlust tödte-
ten. Dieß widerfuhr auch mehreren Genossen des Klosters Ettal.
Rothenbuch ward mehrmals geplündert und mehrere Patres von
den Schweden erschossen. In Ober=Ammergau zerschlugen die
gottesfürchtigen Schweden den Kirchenschrein. Beim zweiten Ein-
fall der Schweden in Bayern 1647 scheinen die Ober=Ammergauer,
welche ihre Kostbarkeiten und auch die kirchlichen Schätze in die
Gebirge flüchteten, mit dem bloßen Schrecken davon gekommen zu sein.

Blieben sie auch von den eigentlichen Kriegsdrangsalen mehr
verschont, als andere Bevölkerungen des deutschen oder bayerischen Vaterlandes, so hatten sie doch mit diesen auf gleiche
Weise die schrecklichen Folgen der so lange anhaltenden Kriegs-
zeit und der damit verbundenen Theurung schwer zu tragen.
Schon 1631 rissen in Bayern und Schwaben ansteckende Krank-
heiten ein. Auch in Ober=Ammergau, herrschte ein hitziges Fieber,
woran mehrere Leute starben. 1632 trat diese Krankheit „wil-
des Kopfweh“ genannt, noch heftiger auf. Sie war nur der
Vorläufer der Pest, welche schon 1633 in der Umgegend zu wü-
then begann. Während dieselben in der Umgegend schreckliche
Verheerungen anrichtete war Ober=Ammergau durch fleißiges
Wachehalten bis zum Kirchweihfeste (25. September 1634) vor
der Ansteckung bewahrt geblieben. „Da ist, so meldet die Chronik
ein Mann von hier nennend Caspar Schuchler, bei dem Mair

in Eschenlohe, Sommermaber gewesen; dieser hat bei sich beschlossen, er will nach Haus in die Kirchnacht gehen, um einmal zu sehen, was sein Weib und seine Kinder thun. So ist
er über den Berg herumgegangen und hinten herein, weil da
keine Wacht gewesen und sein Haus zunächst an der Laine gestanden. So ist er schon am Montag nach der Kirchweih eine
Leiche gewesen, weil er Pestzeichen an sich mit ihm herumgetra-
gen. Alsdann sind am selbigen Montag bis auf Simon und
Judä Abend also binnen 33 Tagen 84 Personen gestorben.*)
In diesem Leidwesen, fährt die Chronik fort, sind die Gemeinde-
leute sechs und zwölf zusammen gekommen und haben die Paf-
sionstragödie alle 10 Jahre zu halten verlobt und von dieser
Zeit an ist kein einziger Mensch mehr gestorben, obwolen noch
Ettliche die Pestzeichen von dieser Krankheit an ihnen hatten."
Mögen in dieser vielleicht um 80 Jahre späteren Aufzeichnung
auch chronologische Irrthümer sich eingeschlichen haben, so sind
doch die übrigen hier erzählten Thatsachen vollständig begründet
und durch andere Nachrichten bestätigt. Noch im Jahre 1634
wurde die Leidensgeschichte des Herrn in Folge dieses Verlöbnisses
vorgestellt. Ein solches Gelöbniß kann aber um so weniger auf-
fallen, als auch schon bei den heidnischen Römern zu den Ge-
lübben auch bereits Schauspiele gehörten, davon manche alle 5,
10 oder 20 Jahre aufgeführt wurden, daher vota quinquen-
nalia, decennalia und vicennalia. Auch andere Gemeinden
hatten solche Schauspiele gelobt so z. B. die Gemeinde Waldens
im Pusterthale in Tirol, welche gelobt hatte alle 7 Jahre das
jüngste Gericht zu spielen „von wegen der Hochgewitter in dieser
Zeit und der Donnerwetter beim jüngsten Gerichte in der Ewigkeit."
Die bedrängnißvollen Kriegs- und Sterbezeiten, (sagt der
würdige Pfarrer Daisenberger in seiner Geschichte von Ober-
Ammergau, welcher ich in diesem Abschnitte fast wörtlich gefolgt

---

*) Also vermuthlich mehr, als der fünfte Theil der damals im Kriege
in ihrer Anzahl wohl sehr herunter gekommenen Bevölkerung.

bin,) haben mächtigen Einfluß auf eine merkbare Umwandlung des bayerischen Volkscharakters gehabt. Da in diesen Zeiten andauernder schwerer Trübsal der Mensch mehr, als in glücklichen Tagen zur Erkenntniß der Eitelkeit aller irdischen Dinge kam und nirgends anders, als in der Religion Trost fand, so verlor sich der frühere, zu einer oft übermüthigen und ausgelassenen Fröhlichkeit geneigte Sinn; das Volk wurde ernster, stiller und wandte sich gerne religiösen Uebungen zu. Auch in Ober-Ammergau wurden damals einige Volksandachten eingeführt, welche zum Theil noch bestehen, namentlich war die Bruderschaft des heil. Rosenkranzes eingeführt und viele Jahresmessen und Aemter gestiftet.

Durch den Widerspruch der Ober-Ammergauer wurde anderthalb Hundert Jahre lang der schon 1641 gefaßte Plan des Propstes von Rothenbuch, eine eigene Pfarrei in Unter-Ammergau zu gründen, vereitelt bis der 1784 angestellte Caplan Franz Rid die Umwandlung der Caplanei in eine Lokal-Curatie und den Bau eines Pfarrhofes in Unter-Ammergau durchsetzte und erster Expositus in Unter-Ammergau ward. Eine Schule hatte Ober-Ammergau bereits vor dem XVII. Jahrhundert. Das eigene Schulhaus, welches die Gemeinde zu bauen sich entschloß, datirt zwar erst von 1696. Allein es wird eine Hofstatt, welche 1678 ein Niclas Rainer inne hatte, das „Schulhofstättle" genannt, woraus hervorgeht, daß auch bereits vor jenem Neubau ein Schulhaus in der Gemeinde vorhanden.

Nachdem durch die Zeit das Rottfuhrwerk in Abgang gekommen war und das Niederlagsrecht seine Bedeutung verloren hatte, mußten die andern Erwerbszweige reichlicher gepflegt werden, um die in jenen Stücken erlittenen Einbußen zu ersetzen. Dieß geschah dadurch, daß viele Ober-Ammergauer sich als ständige Taglöhner des Klosters Ettal annehmen oder als gelöbte Klosterdiener anstellen ließen, andere aber sich der Bilderschnitzerei zuwendeten. Dieselbe war 1681 durch eine besondere Bildschnitzerei-Ordnung geregelt, wobei es für die höhere Auffassung

dieses Berufes spricht, daß die Gemeinde sich den von der Gerichtsobrigkeit octroyirten Titel dieser Satzungen: Handwerks-
ordnung nicht gefallen lassen wollte, der das Gefühl ihrer Künstler
beleidigte. Im spanischen Erbfolgekriege hatte Ober-Ammergau
mancherlei Ungemach auszustehen. Seine Mannschaften wirkten
in den ersten Jahren vielfach zu Gunsten des Churfürsten und
hielten die Einfälle der Tyroler ab. Nach den für Bayern unglücklichen Schlachten bei Donauwörth und Höchst 1704 mußten
sie sich den Oesterreichern unterwerfen und hatten es, da sie sich
am Bauernaufstand 1705 nicht betheiligten, in den 11 Jahren
ihrer Unterwürfigkeit noch leidlich gut unter ihren Bergewaltigern.
Erst 1715 konnte der ritterliche Churfürst wieder in sein Erb-
Vaterland zurückkehren. In jedem Hause ward die Freude mit-
gefühlt, welche die churfürstliche Familie bei ihrer Vereinigung
nach zehnjähriger Trennung empfand.

Nachdem der Frieden in's Land wieder eingezogen war,
kam auch die Ammergauer Holzschnitzerei wieder in Aufschwung.
Man fing an, Crucifixe und Heiligenbilder nun auch aus Wachs
und Thon zu formen. Nach und nach kamen die Künstler auch
auf die Verfertigung anderer Figuren, Darstellung von Volks-
trachten, Soldaten, Jägern, Hirten, von Thieren aller Gattung,
wie auf Anfertigung verschiedener Spielwaaren. Viele Gemeindeglieder trugen diese Erzeugnisse heimischen Kunstfleißes in die
entferntesten Gegenden nicht nur Deutschlands, sondern auch des
übrigen Europas. Mehrere, welche reichlichen Absatz fanden, ließen
Waaren aus der Heimath nachkommen und errichteten Nieder-
lagen an vielen Plätzen. Manche ließen sich in fernen Ländern
förmlich nieder und bildeten bedeutende Handlungen. In Peters-
burg blühten das Ober-Ammergauer Handelshaus Hatt und Daser,
in Kopenhagen: Gothenburg und Drontheim, Linder und Hohenleitter, Veit und Echtler; in Cadiz: die Bauhofer, Sam und
Hohenleitter; (letzterer dehnte sein Geschäft bis nach Lima und
Peru aus) in Bremen und Holland: die Bauhofer und Faisten-
mantel; in Grömingen und Amsterdam die Buchwieser. Diese

Handelsmänner wurden größtentheils wohlhabend. Manche ge-
langten zu beträchtlichem Reichthume. Von ihnen floß Verdienst
und Wohlstand auf die daheim gebliebenen Gemeindegenossen
zurück, welche reichliche Arbeitsbestellungen von jenen erhielten.
Diese Handelsherrn blieben meist im Besitze ihrer Güter zu Ober-
Ammergau, hatten da auch wohl ihre Familien zurückgelassen
und kamen von Zeit zu Zeit zu längerm oder kürzerm Aufent-
halte heim. Die meisten, welche nicht ein früher Tod in fernen
Landen überraschte*) zogen sich in ihren alten Tagen in das
heimathliche Gebirgsthal zurück, um in behaglicher Ruhe hier
den Abend ihres Lebens hinzubringen. Mit dem zunehmenden
Wohlstande und durch die Einführung fremder Sitten und Genüsse kehrte aber auch der Hang zu stattlichem Wohlleben in
der Gemeinde ein. Es wuchs die Prachtliebe. Auch der stolze,
unruhige Freiheitssinn der Ammergauer lebte wieder auf, der
schon ihre Urväter in mancherlei Zerwürfniß mit ihrer Grund-
und Gerichtsherrschaft gebracht hatte. Ein Zerwürfniß dieser
Art mit sehr tragischen Episoden war der große Wein- und
Bierproceß, welcher 1725 — 31 die Ammergauer in Athem
erhielt, mit Heftigkeit und Anstrengung angefangen und eine
Zeit lang geführt, zuletzt wie ein Wildbach im Sande sich verlor.
Eine bessere Thätigkeit entwickelten die Einwohner bei dem 1736—
1742 geführten Neubau ihre ansehnlich erweiterten Pfarrkirche,
zu welcher einzelne Gemeindeglieder reichlichst beisteuerten. —
Eine heilige Kostbarkeit erhielt diese Kirche 1762 durch Ein-
setzung des Leibes des hl. Amandus, den der als Dominicaner
Ordensbruder zu Rom lebende Ammergauer Gottlieb Eyrl für
die Kirche seines Geburtsortes dort erworben und derselben ge-
schenkt hatte. Durch solche in der Ferne lebenden Söhne des
Thales kamen auch noch manche andere Reliquien in diese
Kirche. Der meist geliebte unter den Gutthätern der Kirche, der
Erste und Größte wie das Sterbebuch sagt, wirkte aber im

---

*) Dieser weist das Ober-Ammergauer Sterbebuch eine große Anzahl nach.

Orte selbst. Dieser war Joseph Ignaz Daser, welcher 35 Jahre als Curatpriester in Oberammergau fungirte, dabei von seinem eigenen Vermögen lebte und 1785 sechzig Jahre alt starb, und sein Vermögen sowohl bei seinem Leben als auch nach seinem Tode zu Zwecken der Wohlthätigkeit und Frömmigkeit widmete.

Nach vielen Jahren des Friedens und mäßigen Wohlstandes begannen in den Neunzigern des letzten Jahrhunderts wieder traurige Kriegszeiten, welche eine lange Reihe von Jahren fortdauerten und auch auf Ober-Ammergau schweren Druck ausübten. Am 12. Juli 1800 sah Ober-Ammergau zuerst die Franzosen, welche hier den Oesterreichern ein für diese nachtheiliges Gefecht lieferten, wobei das Dorf mit Haubitzen beschossen ward, die den Pfarrhof anzündeten. Die Erinnerung dieses Schreckenstages vergegenwärtigen die in der Kirche mit einer Gedächtnißtafel aufgehängten Kugeln. Es war damals eine traurige Zeit für Ober-Ammergau. Immer waren fremde Gäste auf Kosten der Bewohner zu bewirthen. Verkehr und Handel lagen darnieder. Die Schnitzkunst war in den Ruhestand versetzt. Auch anderer Verdienst mangelte. Die Lebensmittel waren sehr theuer. Auch Lieferungen und Schanzarbeiter wurden verlangt. Viele Familien geriethen in Armuth, manche selbst in bittere Noth. Erst der Frieden von Lüneville schaffte wieder Erleichterung.

Im vorigen Jahrhunderte verband sich mit der Schnitzerei ein neuer Erwerbszweig, die Faßmalerei. Früher hatte die Farbe des Holzes für die Schnitzwerke hingereicht. Nun kam man darauf die geschnitzten Figuren zu bemalen. Dieß geschah mittelst einer Art von Lackirens wodurch die Figuren Glanz und Lebendigkeit erhielten. Diese Art Malerei lernten die Ammergauer bei den Fassen der Altäre, borgten auch den Künstlern in Augsburg etwas ab. Durch Nachdenken und Erfahrung erfanden sie verschiedene neue Vortheile. Mit dieser Faßmalerei beschäftigten sich mehrere Ortseinwohner fast ausschließlich. Zu geringeren Arbeiten dieser Art wurden auch Weiber und Kinder verwendet.

Nachdem 1703 die Bildschnitzerei auch im Gröbener Thale in Tyrol eingeführt worden und bald einen solchen Aufschwung genommen, daß am Ende des Jahrhunderts gegen 150 Gröbner Firmen in Deutschland, den Niederlanden, Spanien, Portugal, Amerika gezählt wurden, war den Ammergauern eine gefährliche Concurrenz erwachsen. Diese Concurrenz, der veränderte Geschmack, die einbrechenden Kriegszeiten, das russische Einfuhrverbot, die Verschließung der Handelswege nach Italien u. s. w. thaten dem Handel der Ammergauer starken Eintrag. Gegen Ende des Jahrhunderts waren nur noch wenige Ober=Ammergauer Theilhaber an auswärtigen Handlungen. Während aber die ammerganischen Handelshäuser im Auslande und der von Ammergau ausgehenden Landhändler immer weniger wurden, errichteten die Gebrüder Andreas und Anton Lang, eines armen Rahmenmacher Söhne, die sammt ihren Brüdern dem edeln Daser ihre Erziehung verdankten, im Orte selbst einen Waarenverlag, was auch ihre anderen Brüder Georg und Joseph später thaten. Der Unternehmungsgeist dieser Veleger knüpfte Verbindungen mit verschiedenen Handelshäusern an und leistete der Schnitzerei bedeutenden Vorschub. Sie ermunterten die Schnitzer durch Vorausbezahlungen und Vorschüße und letztere kamen wegen schnellen und sichern Absatzes nie in Verlegenheit. Während der Kriegsläufte vermochten freilich die Verleger in's Ausland wenig abzusetzen und es trat auf längere Zeit ein fast gänzlicher Stillstand dieses Erwerbzweiges ein. Um ihr schwaches Leben zu fristen, mußte die Schnitzkunst selbst kriegerisch werden. Man schnitzte Soldaten und stellte in Gruppen die Kriegsereignisse dar, so ward die Einnahme der Festung Scharnitz, die Völkerschlacht bei Leipzig u. s. w. geschnitzelt. Man zog in der Welt umher und ließ diese Erzeugnisse für Geld sehen. Die Vernichtung des Althergebrachten, welcher auch dieser Krieg diente, griff aber in dessen Verfolg noch weiter um sich. Auf eine empfindliche Weise äußerte sich dieselbe für Ober=Ammergau in der 1803 vollzogenen Aufhebung der Klöster Ettal und Rothenbuch von denen geistlicher und welt=

licher Obhut und Fürsorge der Wohlbestand des Thales so lange
behaglich geschirmt gewesen war. Die Hälfte der Familien, nament=
lich die Taglöhner hatten von dem Arbeitsverdienste den ihnen das
Kloster Ettal reichte, gelebt. Wenn auch durch wohlfeilen Ankauf
von Klostergrundstücken und Aufhebung von Grundlasten eine Anzahl
von Grundbesitzern ihre Lage verbesserte, so erlitt die bei Weitem
überwiegende Mehrzahl unersetzlichen Schaden, der unter Anderem
auch darin bestand, daß den Söhnen des Dorfes nun die Gelegenheit entging, in der Nähe der Heimath und mit geringen
Kosten zu höheren Berufsarten sich vorzubilden. Die Armen
und Bedrängten aber verloren die mancherlei Hilfe, welche ihnen
vom Kloster zugeflossen war. Der Krieg mit Oesterreich 1805
und nachmals die Kriegslieferungen für die mit Bayern ver=
bündeten Franzosen führten neue Drangsale herbei, für welche
die dadurch Betroffenen in dem Umstande keinen Ersatz finden
konnten, daß ihr Vaterland zu einem Königreiche erhoben ward.
Auch brach bald genug 1809 ein neuer Krieg mit Oesterreich
aus, welche namentlich den Tyrolern Gelegenheit gab in den
nahen Ammergau einzufallen und denselben durch Erpressungen
zu benachtheiligen, wenn sonst auch möglichst nachbarliche Schonung beobachtet ward. Ober-Ammergau konnte es zu keinem
Gedeihen bringen, da auch die russischen und französischen Feld=
züge dem Thale manche Opfer auferlegten und ihm zu Militär-
lieferungen das Korn entzogen, dessen die Einwohner zum Un-
terhalt bedurften. Kaum war Frieden geworden, so erschien das
schlimme Noth= und Unglücksjahr 1817. Erst von 1818 an,
trat bessere Zeit, Wohlfeilheit der Lebensmittel und Zunahme
der Industrie und ihres Absatzes ein. Durch die Bemühungen
des Verlegers Johannes Láng, Georgs Sohn, wurden wieder viele
Geschäftsverbindungen im Inn- und Auslande angeknüpft und
bald gingen die Schnitzwaaren Ober-Ammergaus wieder durch
alle Länder Europas und selbst über den Ocean nach Nord-
und Südamerika. Jetzt ist die Holzschnitzerei im besten Schwunge
und alle fleißigen Hände sind vollauf beschäftigt mit Verfertigung

von verschiedenartigen kleinen Figuren und Gruppen, von Christus und Heiligenbildern, von allerlei feinen und gemeinen Kin-
derspielwaaren, besonders auch mit Arbeiten der erst seit einigen
Jahren neu eingeführten Fournier-Schneidekunst. Mit der Holzschnitzerei befassen sich von den 1069 Köpfen der Bevölkerung
über ein Zehntel. Die übrigen Hausväter leben vom· Landbau,
Lohnfuhrwerk, Holzhandel und Holzhauen, von Gastwirthschaft
und verschiedenen Handwerken.

Nachdem wir so den lokalen und geschichtlichen Boden für
unsere Abhandlung gewonnen, können wir nun mit Nutzen die
Reise nach Ober-Ammergau selbst antreten.

Um zu dem auf den 25. Juli 1850 festgesetzten achten
Spieltage*) zeitig in Ober-Ammergau einzutreffen, waren wir
bereits am 23. Juli von München aufgebrochen, hatten in Weil-
heim übernachtet und machten uns von da am 24. Juli zeitig
auf den Weg nach unserm Reiseziel. Ober-Ammergau liegt
unter reizendem Berggelände, zwischen Partenkirchen und Schongau, eine Stunde von dem aufgehobenen Kloster Ettal entfernt.
Von der Ammer, einem Gebirgswasser, das von der Tyroler
Gränze in die Bayer'sche Ebene sich ergießt und dessen Rinnsal
zwischen Lech und Isar belegen, wird das Thal durchflossen. In
dasselbe führte uns, nachdem wir Murnau verlassen, der über
die Höhe von Saulgrub gelegte Weg hinab. Bei Altenau vorbei zieht der Weg an der links auf einer Höhe liegenden alten
Kappelkirche vorüber. Auf lieblicher Höhe vor dem Dorfe Unter-
Ammergau belegen, wird sie als die Mutterkirche der ganzen
Landschaft betrachtet. Von hier zieht sich die Straße nach Unter-
Ammergau, einem großen, nach einem Brande i. J. 1836 großen-
theils neu erbauten Dorfe. Des Regnens ungeachtet bedeckten
zahllose Schaaren von Wanderern die Straße, welche, von ihren
„Dächles" geschützt, zu dem morgigen Volksfeste wallfahrteten,
die Meisten waren zu Fuß und einzelne Züge im Gebete be-

---

*) Es wurden 1850 überhaupt 14 Vorstellungen gegeben.

griffen. Auch die auf offenen Wagen Herbeikommenden siehet
man öfter im Gebete. Hinter Unter=Ammergau ziehet sich ein
Stündchen Weges nach Ober=Ammergau am nördlichen Abhange
kühler Waldberge, welche thalaufwärts mehr und mehr mit Fels=
gruppen abwechseln, bis sie in den eigenthümlich gestalteten
4000 Fuß hohen Kofel auslaufen. Auf der entgegengesetzten
Seite lassen die Höhen offene, nur oben mit Fichten gekrönte
Wiesen sehen. Vom Regennebel umdustet, zeigten sich alle diese
Schönheiten des Thales in unsichern Umrissen. Inmitten wall=
fahrender Fußgänger fuhren wir in das Dorf ein. Nach Hoch=
landsart gebauet, haben die Häuser flache, mit Steinen beschwerte
Dächer, zeigen am Giebel irgend einen Zierrath, meist von
Schnitzwerk, und laufen in die üblichen Vorsprünge aus. Durch
saubern Anstrich aber neigen sie sichtlich zum Städtischen hin.
Etwas Besonderes aber sind die Gemälde, welche die äußern
Hauswände bedecken, in denen man leicht fromme Darstellungen
aus der heiligen Schrift oder dem Leben der Heiligen erkennt.
An einer guten Anzahl von Häusern ist das Bild der gnaden=
reichen Mutter Gottes von Ettal zu schauen, die meisten dieser
Bilder rühren von Franz Zwink her, welcher einst dem berühm=
ten Tyroler Maler Knoller, als dieser in Ettal an seinen treff=
lichen Gemälden arbeitete, die Kunst ablernte, dem Wandgemälde
die in ihrer Frische andauernden Farben zu geben. Neben diesen
Schildereien bemerkt man an den Wänden zahlreiche Schnörkel
und andere Attribute des nun wieder beliebten Roccoco. Schon
dieser Anblick verräth den Sinn der Einwohner für zeichnende und
plastische Kunst. Gleichwohl sollen diese Bildnereien schon sehr
im Abnehmen sein, indem mir versichert worden, daß die schön=
sten unter diesen Darstellungen durch Brandunglück und Neuer=
ungssucht größtentheils verschwunden seien. Ueber die Anlage
der Ober=Ammergauer zur Plastik und ihrer Uebung darin gab
uns der Blick in manches offen stehende Fenster sehr anschau=
lichen Aufschluß. Wir gewahrten bei solchem Hineinschauen nicht
selten die schmalen Schnitzeltische, an welchen fast das ganze

Jahr hindurch der größte Theil der Familie, Große wie Kleine
in emsiger Arbeit beim Ausschneiden von Thier- und Menschen-
gestalten, so wie ganzen Gruppen aus Holz sich beschäftigt finden lassen. Andre Hände bemalen die in Schnitzwerk fertig gewordenen Stücke mit bunten Farben, welche meistens sehr in die
Augen stechen. Diese Beschäftigung ist vorzugsweise Frauen und
Kindern übertragen, welche ihre Arbeit zum Trocknen an die
Sonne zu stellen pflegen, weßhalb man dergleichen beim Wandern
im Orte bei hellem Wetter gar häufig antrifft. Alle Gattungen
dieser Waare trafen wir in der Niederlage des Herrn Johannes
Lang in großer Fülle aufgestellt. Bei diesem Manne fand ich
denn auch, nachdem ich in allen Gasthäusern, namentlich vom
berühmten Schwabenwirthe, wegen Ueberfüllung abgewiesen worden, ein freundschaftliches Unterkommen mit den Meinigen. Jenes
sehr reichhaltige Lager von Holzwaaren veranschaulicht am Um-
fassendsten den Sinn und das Talent der Ober-Ammergauer für
diese Art Industrie. Von der ehemaligen Handelschaft der Ober-
Ammergau geben nur noch spärliche Ueberreste alter gewölbter
Kaufhallen und Waarenniederlagen eine gleichsam verschollene
Kunde. Doch lebte diese glänzende Zeit noch lebhaft in der Erinnerung des Volkes. Der von mir angenommene Cicerone,
ein alter Ober-Ammergauer, der im Passionsspiele einen der
Grabeswächter darstellt, erzählte mir bei der Wanderung durch
das Dorf, wie es noch keineswegs gar so lange her sei, daß
seine Landsleute in Rußland und Italien, in Schweden und
Mexico Handlungen inne hatten. Ganz besonderes Gewicht legte
er aber darauf, daß auch in Memel, also im Vaterlande dessen,
den er jetzt begleitete, ein Ober-Ammergauer Handelschaft getrieben
habe. Ein solcher auswärts mit seinem Handlungsgeschäfte vorwärts gekommener Ober-Ammergauer war in der Vorstellung
unseres Führers das Ideal eines glücklichen Mannes. Wenn er
müde und alt, aber wohlhabend in sein stilles Thal zurückkehrte,
so war er ja geehrt und wohl berathen und ein beständiger Wohl-
thäter seiner Heimath. Der lange Aufenthalt so vieler Ammer-

3*

gauer in den verschiedensten Ländern Europas, der sie eine Masse von Kenntnissen erlangen und Erfahrungen machen ließ, war die Veranlassung, daß in Ammergau eine Menge von fremden Vorstellungen und Anschauungen in Umlauf kam, welche ein tüchtiges Bildungsmittel für die Einheimischen wurden. Dazu kam, daß vom Kloster Ettal aus schon Jahrhunderte hindurch eine gewisse Bildung im Thale gepflanzt war. Das Kloster war nämlich zugleich eine Erziehungsanstalt für junge Edelleute und dadurch wissenschaftliches Streben in demselben fortwährend rege. Es geschah von Ettal aus sehr viel Nützliches für die Kunst, denn unter den Ettaler Benedictinern befanden sich viele originelle geistreiche Köpfe, namentlich Physiker und Musiker. Mancher Ammergauer verdankte ihnen seine Ausbildung. Munter und geschäft'g im eigenen Kreise, dehnten die Conventualen ihren freundlichen Verkehr auch auf benachbarte Orte aus. Sie machten sich häufige Besuche mit den geistlichen Untergebenen des Prälaten von Rothenbuch. So verdankte Ober-Ammergau seinen frommen Handelsherrn und den reichen, gebildeten, umgänglichen Klosterherren in der Nähe seinen behäbigen Wohlstand und eine nicht gemeine Bildung.

III.

Die religiösen Schauspiele,
namentlich das Passionsspiel zu Ober-Ammergau und deren Verfall im XVIII. Jahrhundert.

Unter den im vorigen Abschnitte geschilderten vortheilhaften Verhältnissen und Bedingungen mußten die im Mittelalter so allgemeinen religiösen dramatischen Darstellungen, die sich an einigen Orten, wenn auch zu Caricaturen ausgeartet, bis in die Neuzeit unter dem katholischen Volke erhalten haben und unter dem Namen Mysterien bekannt sind, in Ober-Ammergau vorzüglich gedeihen. Es ist hier der Ort nicht, über diese Mysterien und deren langjährige Verbreitung und Cultur in allen katholischen Ländern des Occidents nähere Auskunft zu geben. Genug, dieselben scheinen bereits in den ältesten Zeiten in Ober-Ammergau mit besonderem Erfolge gepflegt zu sein. Namentlich war es in Ober-Ammergau eingeführt, daß die Leidensgeschichte des Herrn öfters, etwa in der heiligen Fastenzeit, und in der Kirche als eine Art religiöser Erbauung vorgestellt wurde. Hieran ist um so weniger zu zweifeln, als das Passionsspiel in Bayern allein in nahezu sechzig und zum Theil unbedeutenden Ortschaften z. B. in Aidenbach, Eichendorf, Deining, Flintsbach, Peissenberg u. s. w. aufgeführt ward. Es ist nicht wohl denkbar, daß ein so großes, gebildetes und wohlhabendes Dorf damit zugewartet haben sollte, bis es durch ein großes Unglück zu dem Entschlusse regelmäßiger Aufführung des Passionsspieles gelangte. Ueber die frühern Darstellungen vor dem 17. Jahrhundert ist mir nicht gelungen, Nachrichten zu finden. Aber es ist kein Zweifel, daß solche Darstellungen weit älter sind, als das schon erwähnte Gelübde. Dieß Gelübde wollte gewiß keine neue, in der Gemeinde, früher nicht bekannt gewesene Gewohnheit einführen, sondern sicherlich nur einen uralten, damals vielleicht im Erlöschen begriffenen Gebrauch durch ein feierliches Versprechen als eine religiöse Pflicht für alle Zeiten feststellen. Der oben mit eigenen Worten angeführte Chronikenschreiber sagt selbst, daß die Gemeindsleute zusammenkommen „und die Passionstragödie alle zehn Jahre zu halten verlobt haben." Somit scheint sie früher zwar nicht alle zehn Jahre, aber doch öfter schon aufgeführt zu sein. Dazu kömmt, daß das älteste noch vorhandene Passions-Textbuch so abgerundet erscheint, daß man mit Recht bezweifeln kann, ob in den Zeiten des 30jährigen Kriegs und unmittelbar darnach ein solches Werk wie aus einem Gusse zu Tage gefördert werden konnte. Eine bald nach 1662 vorgenommene Textverbesserung sagt öfters: caetera ut in nova passione; es muß also vordem ein anderer Spieltext vorhanden gewesen sein. Noch schlagender aber ist Herrn Pfarrers Prechtl-Bemerkung: „Die später in dieses Buch eingeklebten Blätter enthalten meistentheils wörtlich den Text der Weilheimer-Passion, wie solcher an diesem Orte 1600 gespielt wurde. Warum hat man denn, wenn man kein eigenes Textbuch besaß, nicht das ganze Spiel nach dem Weilheimer Texte aufgeführt?"

Als Gelübdeerfüllung wurde die Passionstragödie 1634 zum ersten Male aufgeführt. Bis 1674 erfolgte die Darstellung alle 10 Jahre. Hierauf aber ward des heilige Trauerspiel nach einem Zeitraum von 6 Jahren nämlich 1680 dem christlichen Volke vorgeführt und von da ab blieb es auf die Zehnerzahl verlegt. Ob der Schauplatz schon damals, wie noch zu unserm Gedenken, der Gottesacker, oder vielleicht die Kirche selber war, findet sich nicht aufgezeichnet. Doch scheint aus der Bemerkung am Ende des ältesten Spielbuches: „sollen hinfüro für die zusehenden Personen alle Zeit Sitze gemacht werden" Ersteres angenommen werden zu müssen. Schon frühe wurden der Auf-

führung Bilder aus dem alten Testamente, welche für die einzelnen Scenen einen vorbildlichen Charakter hatten, eingefügt,
um neben der Erfüllung zu größerer Erbauung auch die Prophe-
zeihung zu haben. Gewöhnlich zwei Jahre vor dem Passionsspiele ward die sogenannte Kreuzschule vorgestellt. Dieselbe hatte
den nemlichen Zweck im Auge als das Passionsspiel. Sie stellte
den Heiland als den größten Helden und Dulder dar. Darüber
findet sich in der in der Gemeinde Ober-Ammergau handschriftlich
befindlichen Chronik folgende Notiz: „Anno 1748 hat man hier
in der heiligen Fasten die Creutzschuel Christi in der Kirchen an
jedem Sonntag einen Act gespielet, welches eine große Auser-
bauung unter dem Volke machte." Ebenso wurde die Kreuzschule 1768 und 78 auf „öffentlichen Platze" gespielt. Später
ward die Aufführung der Kreuzschule in die Mitte der Zeit
zwischen zwei Passionsspiel-Perioden verlegt. Die letzte Aufführung fand 1825 Statt. In derselben wurden die vorbildlichen Ereignisse des alten Bundes dramatisch, die Scenen der
Leidensgeschichte des Herrn dagegen in lebenden Bildern dargestellt. Die Erklärung der gegenseitigen Beziehungen und die er-
munternden Ansprachen an die Zuschauer wurden durch ein Chor
von Genien, namentlich dessen Führer, vermittelt. Das Text-
büchlein zur Kreuzschule von 1825 führt den Titel: Die Kreutz-
schule, oder Jesus der größte Held und Dulder, das schönste Vorbild und die seligste Hoffnung. Eine Ruhebank für jeden Denkenden und eine tröstliche Legende für jeden Leidenden. Sie hat
zwei Abtheilungen, welche dem eben erwähnten Titel entsprechend
überschrieben sind. I. Jesus in seinem Leiden das schönste Vorbild, eine Ruhebank für jeden Denkenden. II. Jesus durch sein
Sterben die seligste Hoffnung, eine tröstliche Legende für jeden
Leidenden. Die Bearbeitung dieses Textes rührte vom Pfarrer
Weiß her, welcher auch den Text des Passionsspieles neu bear-
beitet hatte; die Musik von einem Priester Dittrich. Die letzte
fand wenig Anklang. Die Zahl der Besucher der Kreuzschule
war gering. Während das Passionsspiel sich hob, verloren die

Ammergauer das Interesse an der Kreuzschule und diese ging völlig ein. Manchmal stellte ungünstige Witterung der Aufführung große Hindernisse entgegen. So hatte es in der Nacht vor dem Pfingst-montage 1750 so ernstlich und anhaltend geschneit, daß man vor Anfang des Spieles tiefen Schnee vom Theater abkehren mußte. Auch konnte die heil. Tragödie erst nächsten Tages vollendet werden. Doch ließen es die Ober-Ammergauer nicht bei diesen beiden geist-lichen Schauspielen bewenden. „Im Jahre 1748 hat man auch, wie die handschriftliche Chronik meldet, ein funfzigjähriges Se-culum der Einsetzung unserer Erzbrüderschaft des hl. Rosenkranzes hochfeierlichst gehalten und dabei die Rosenkranz-Comedi gespitz-let." „Anno 1776 am Pfingst-Montag ist von einigen Lieb-habern allhier die Comedi vom heiligen Hermenegild aufge-führt worden, hernach noch zweimal und einmal Extra von dem gnädigen Herrn von Ettal Bernardus Eschenbach, bei welchem man große Ehre eingelegt." Das Kloster Ettal war den Spie-len der Ober-Ammergauer, abgesehen vom sonstigen Schutze schon dadurch förderlich, daß es als Wallfahrts-Ort viel mehr Zuschauer zu diesen Aufführungen heranzog, als in andern Ge-meinden, wo sich dergleichen ebenfalls erhalten hatten, erschienen. Aebte und Mönche ließen es sich angelegen sein, diese drama-tischen Aufführungen zu ordnen, die Leute darin zu unterrichten und die Proben zu leiten. Je nach Geschick und Lust lieferte einer der Klosterleute musikalische Compositionen dazu, der andere schaffte den Text, namentlich durch Veränderung oder Erweiter-ung anderer Dichtungen der Art. So hatte der Pater Mang den Text für die letzten Aufführungen in der herkömmlichen mittel-alterlichen Form, welche in den beiden ersten Jahren des laufen-den Jahrhunderts stattfanden, gearbeitet. Auch der jetzt noch übliche Text rührt gleichfalls von einem Ettaler Benedictiner, dem schon genannten nachmaligen Pfarrer Otmar Weiß zu Je-sewang, her. Die nähere Forschung über die früheren Text-bücher und musikalischen Compositionen für die Ober-Ammer-gauer Aufführungen wird ohne Zweifel die Theilnahme der

Ettaler Klosterherrn daran noch auf eine weit frühere Zeit zurückzuführen wissen. Man würde sich selbst nicht wundern dürfen, wenn sich finden sollte, daß Klosterherrn die Rolle des Christus übernommen. Wenigstens haben an andern Orten Geistliche in dieser Art bei den Passionsspielen mitgewirkt.

In den Jahren 1710 — 1720 leitete der Frühmessner Ainhaus die Passionsspiele. Derselbe führte auch die Rechnung, welcher gemäß von der Gemeinde über die gehabten Einnahmen noch 73 fl. 37 kr. darauf zu zahlen waren. Im Jahre 1730 betrugen bei zweimaliger Aufführung die Einnahmen von den Sitzen und Verehrungen 74 fl. 49 kr., die Ausgaben 158 fl. Im Jahre 1750 wurde Beitrag aus der Gemeindekasse 88 fl. 48 kr. geleistet, 1760 zur Bestreitung der Passionskosten 156 fl. 48 kr. zugeschossen, 1770 107 fl. 42 kr. und noch 49 fl. 56 kr. für die zwei Deputirten nach München. Das Passions-Theater ward bis 1830 jedesmal nächst dem Pfarrhofe auf dem Gottesacker errichtet.

Die Abnahme des religiösen Sinnes im Volke hatte inzwischen im achtzehnten aufgeklärten Jahrhunderte auch den allmähligen Fall der religiösen Spiele in Deutschland zur Folge. Am längsten hielt der altgläubige Sinn der Bergbewohner dieselben, bis die Aufhebung der Klöster im Anfange des gegenwärtigen Jahrhunderts denselben die geistliche Pflege entzog. Aus dem großen Kreise der dramatischen religiösen Darstellungen blieb, von der Mitte des vorigen Jahrhunderts ab, ein Stück nach dem andern hinweg. Weltliche Behörden und geistliche Vorgesetzten arbeiteten gemeinschaftlich durch ihre Maßregeln am Verfalle dieser Spiele. Die darin eingeschlichenen Mißbräuche mußten dazu einen ostensibeln Vorwand darbieten. Die erste derartige Beschränkung für Bayern enthielt eine kurfürstliche Verordnung vom 31. März 1763, wonach die „Passions-Tragödien" zwar an Orten, wo dieselben bisher üblich gewesen, auch ferner gestattet wurden, dann aber frühzeitig am Tage gehalten werden mußten, damit „das Bauern- und anderes zulaufende Volk vor der Nacht wieder zu Hause sein könne," und Excesse vermieden würden. Auch mehrere Ordinariate in Bayern versagten den Aufführungen ihre Zustimmung, weil sie, in Folge der eingeschlichenen Miß= bräuche, dieselben nicht ferner als ein geeignetes Mittel, religiöse Erbauung und Rührung zu erwecken, glaubten ansehen zu dürfen. Nun traten auch die weltlichen Behörden diesen Spielen ent= gegen. Der churfürstliche Geistliche Rath in München äußerte in einer Vorstellung an den Churfürsten von 1770, daß die religiösen Spiele an einigen Orten unterdrückt worden, an an= dern ihren Fortgang behalten hätten. Der geistliche Rath habe schon 1762 sein Gutachten dahin abgegeben, „daß das große Geheimniß unserer heiligen Religion einmal nicht auf die Schau= bühne gehöre." Die Erlaubniß zu diesen Spielen werde auch vornämlich von Privatleuten nachgesucht, denen ihres Eigennutzes halber daran liege, daß dieselben ja nicht unterblieben. Die Er= fahrung habe gelehrt, daß alle dagegen ergriffenen Maßregeln den Mißbräuchen, welchen diese Aufführungen ausgesetzt wären, nicht hätten steuern können. Namentlich fand der geistliche Rath den Charfreitag und die Fastenzeit zu der Aufführung der Pas= sionstragödien nicht geeignet. Der Churfürst erließ dem Antrage seines geistlichen Rathes entsprechend am 31. März 1770 ein allgemeines Verbot dieser Tragödien. Doch wurden zuweilen an einigen Orten „andere geistliche Historien" auf die Bühne zu bringen gestattet. Von Ober=Ammergau wurden zwei Deputirte nach München gesandt, welche eine Ausnahme von diesem Ver= bote für ihre Gemeinde erwirkten, so daß im Jahre 1770 die Aufführung wie ehedem erfolgte. Nach dem Regierungsantritte des Churfürsten Carl Theodor ward einigen Gemeinden die Auf= führung der Passionsspiele in der Charwoche wieder erlaubt, dabei aber doch bevorwortet, daß es „auf schickliche Weise" ge= schehen müsse. Im Jahre 1780 erhielt die Gemeinde Ober= Ammergau auf ihr Ansuchen ein Privilegium, die Passion noch ferner alle zehn Jahre „ohne manniglichen Hinderniß öffentlich aufzuführen."

Doch ward die frühere Schärfe bald wieder gegen die geist= lichen Schauspiele hervorgesucht, und seit 1781 auch zur Auf= führung anderer geistlichen Schau= und Trauerspiele während der Fastenzeit und in der Charwoche keine Erlaubniß weiter er= theilt. Worin die Mißbräuche bestanden, welche die bischöflichen Behörden den Passionsspielen abhold gestimmt machten, ersieht man aus einem Erlasse des Erzbischofs von Salzburg von 1779, welcher darin versichert „ein seltsameres Gemenge von Religion und Possenspiel, als die sog. Passionsspiele kann nicht erdacht werden. Zu gleicher Zeit, als ein Theil der Schauspieler die be= trübten Auftritte des Leidens Christi auf das Beweglichste vor= zustellen bemüht sind, und bei aller ihrer Ernsthaftigkeit schon öfters aus Plumpheit und Unverstand in's Lächerliche und Pos= sierliche verfallen, erscheinen ganze Rotten in Juden=, Teufels= und andere Larven verkappter Possenreisser, die das zuschauende Volk durch tausenderlei Muthwillen und ausgelassenste Gaukeleien zu dem brausendsten Gelächter verleiten. Und hiermit sind auf einmal alle frommen Eindrücke, welche die bedeutungsvollen Cere= monien der heiligen Charwoche, das rührende Klaggepränge in den Gott geweihten Tempeln, die eifrigsten Predigten gemacht haben möchten, alle diese Eindrücke und Erweckungen sind aus dem Herzen auf einmal herausgerissen; die zärtlich bekümmerten mütterlichen Einladungen der heiligen Kirche zu kindlichen Buß= thränen und aufrichtiger Bekehrung verschallen ungehört; die Gotteshäuser sind leer und verlassen; das öffentlich ausgesetzte Allerheiligste stehet ohne Anbeter da; das zur Lustigkeit und Gelächter vorbereitete Volk füllt die Wirths= und Zechhäuser von Unten bis Oben an; die Saufgelage dauern bis in die späteste Nacht fort; die nach Hause taumelnden Trunkenbolde erfüllen Strassen und Felder mit ihrem Jauchzen und Schandgeschrei; auf das Neue kreuzigen sie den Sohn Gottes und haben ihn zum Spott; beinahe buchstäblich machen sie den gekreuzigten Christus den Juden zum Aergerniß und den Heiden zur Thor= heit, und geben den Freigeistern und Religionsspöttern Anlaß,

das katholische Christenthum dem beißendsten Gespötte und Hohn-
gelächter wie im Triumphe blos zu stellen." Hiernach ergeht eine
Aufforderung an die Geistlichen, zur Abstellung des Unfugs
möglichst mitzuwirken. Nur die Anhörung dieser Schilderungen
macht schon den Eindruck der Uebertriebenheit. Jedenfalls aber
ist kein nothwendiger Zusammenhang der getadelten Liederlichkeit
mit dem Passionsspiele ersichtlich. Wenn sich Mißbräuche darin
eingeschlichen hatten, so hätte man auf deren Entfernung hin-
arbeiten, aber nicht das Kind mit dem Bade verschütten sollen.
Man wollte aber die Passions- und überhaupt die religiösen
Spiele nicht mehr. Sie waren dem Einbruche der Aufklärung,
welcher leider auch von mancher geistlichen Oberbehörde in nicht
zu billigender Weise gehuldigt ward, hinderlich. Die geistlichen
Vorgesetzten mußten natürlich aus Gründen der Religion sich
gegen die Passionsspiele erklären, wogegen die weltlichen Behörden, in ihren gegen die Passionsspiele gerichteten Erlassen, den
josephinischen Aufkläricht weit ungeheuchelter ans Licht treten
ließen. So hat die Churpfalz-Bayerische Ober-Landes-Regierung
zu München in ihrem Verbote der Aufführung der geistlichen
Spiele ihre landesväterlichen Utilitäts-Rücksichten in dem Erlasse vom 13. März 1784 ungenirt zur Schau gelegt und das
Verbot damit motivirt, daß das Volk nicht von der Arbeit, dem
Gebet (wie gnädig?) und andern Geschäften abgehalten und zum
Müssiggange gewöhnt werde. Anderwärts war auch die Einbuße
an Geld, welche die Mitspielenden erlitten, als Grund gegen das
Spiel selbst geltend gemacht. Vom Jahre 1787 ab waren neben
den Passionsspielen auch andere geistliche Schau- und Trauerspiele während der Fastenzeit nicht weiter gestattet worden. Ob
das Volk ein Bedürfniß, eine Berechtigung zu den Spielen habe,
ward nicht gefragt, ja sogar in Abrede gestellt, wie die vielen
bekannt gewordenen abschläglichen Bescheide auf bringend von gar
mancher Gemeinde vorgetragene Wünsche um Gestattung der Spiele
darthun. Es war gerade die Absicht der Polizei, die Vorliebe
des Volkes für diese Art Andachtsübungen gewaltsam zu unter-

brücken. Denn nirgends zeigt sich eine Spur, daß die weltlichen
oder geistlichen Stellen jener Zeit irgendwo auch nur den min-
besten Versuch gemacht hätten, diese angeblich so heruntergekommenen Spiele wieder zu heben und ihrem anfänglichen, Jahrhunderte lang mit bestem Erfolge erreichten Zwecke entsprechend
zu verbessern oder selbst zu regeneriren. Und doch wäre dieses
damals, wo noch so viele Abteien bestanden, denen es nicht an
tüchtigen Conventualen fehlte, an manchen Orten eben so gut
möglich gewesen, als in dem durch ein Privilegium geschützten
Ober-Ammergau. Als im Jahre 1791 zur Veränderung wieder
einmal ein Verbot des Passions= und anderer geistlicher Spiele
erlassen war, erlangten die Oberammergauer die ausdrückliche
Erneuerung und Bestätigung dieses Privilegii.

Nach den Grundsätzen der josephinischen Aufklärung sollten
einmal die geistlichen Komödien verurtheilt und unterdrückt werden. Es wurden daher die erlassenen scharfen Mandate rücksichtslos zum strengen Vollzuge gebracht. So z. B. wurde die Stadt
Landau im Jahre 1794 wegen Uebertretung derselben in eine
Strafe von 100 Reichsthalern genommen. Ein Mandat d. d.
München den 20. Juli 1793 hebt abermals hervor, daß die
großen Geheimnisse unserer heiligen Religion kein Gegenstand
für die Bühne sind, daß durch die Aufführung dergleichen Spiele
das Volk von der wahren Andacht und Anbetung abgehalten,
von seinen Berufsgeschäften entfernt, sofort zum Müssiggange,
nur zu oft auch zu andern Ausschweifungen verleitet wird, und
weil überhaupt der zeitliche Gewinn, welchen man bei dergleichen
Vorstellungen stillschweigend zur Hauptabsicht hat, gegen die
hieraus entspringenden schädlichen Folgen in gar keine Betrachtung genommen werden darf. Wenn auch, wiewohl selten, einzelne Orte die Erlaubniß „zu bescheidenen und passenden Aufführungen" von Passions-Tragödien erhielten, so ward doch in
den meisten andern Fällen das Verbot nachdrücklich aufrecht
erhalten. Ein solches Verfahren der weltlichen und geistlichen Vorgesetzten mußte natürlich die geistlichen Spiele ihrem Erlöschen zu-

führen. Auch unter der Regierung des Churfürsten Maximilian VI.
(nachherigen Königs Maximilian I.) wurden alle Gesuche um
Verstattung der Aufführung von Passionstragödien unnachsicht-
lich zurückgewiesen. So ist es denn zu erklären, daß im Anfange des gegenwärtigen Jahrhunderts in Bayern alle gewöhnlichen Passionstragödien gänzlich aufgehört hatten. Die nun
folgenden Welt= und Kriegsbegebenheiten waren nicht geeignet,
dieselben etwa wieder in Gang zu bringen.

Dasselbe Schicksal wie in Bayern hatten auch die Passions=
spiele im nahen Tyrol, worüber zu interessanter Vergleichung
Adolph Pichler's Schrift: Ueber das Drama des Mittelalters
in Tyrol, nachzulesen ist.

IV.

Wie es gekommen,
daß sich gerade in Ober=Ammergau die Aufführungen des Passionsspieles erhielten.

— ·— · ——

Wenn das allgemeine Verbot der Darstellung religiöser Schauspiele auch auf das Ober=Ammergauer Passionsspiel ausgedehnt worden, so war das ein offenbares Unrecht; denn die Ober=Ammergauer Passions=Aufführungen standen mit denen anderer Orten gar nicht auf gleicher Linie. Dieselben wurden nicht alljährlich und in der Fastenzeit oder der Charwoche wiederholt, sondern nur je im zehnten Jahre um die Pfingstzeit. Auch waren sie, wie man aus den vorhandenen Textbüchern schließen darf, in größerer Ausdehnung, mit mehr Sorgfalt, Geschick und Befriedigung, als anderswo, aufgeführt worden. Allein auch dieser Vorzug würde sie vor der nivellirenden Maaßregelung durch den omnipotenten und omnisapienten Polizei=Staat, d. h., ihrem Untergange, nicht geschützt haben, wenn nicht einige tiefer liegende Umstände es bedingt hätten, daß vor den anderwärts dargestellten Passionsspielen gerade das Ober=Ammergauer sich bis auf unsere Tage erhalten hat.

Erstens war dasselbe mit den natürlichen Anlagen und gewöhnlichen Beschäftigungen der Einwohner weit näher verknüpft, als in andern Gemeinden. Die kastenmäßig fortgepflanzte Kunstfertigkeit des Holzschnitzelns entwickelte den Kunstsinn immer mehr und machte denselben zu einem Gemeindegute, zu einer schöpferisch in die Darstellung hinausgehenden Thätigkeit so wie zu einem Gemeindebedürfnisse. Dieser bei dem Schnitzeln in steter Uebung erhaltene Kunstsinn suchte von jeher

eine noch idealere Befriedigung in der Aufführung der religiösen Dramen. Die nämlichen Künstler, welche die Crucifixe, die
Bilder der Jungfrau Maria, der Apostel und anderer Heiligen,
so wie die Figuren zu den Weihnachtskrippen u. s. w. schnitzeln,
waren es auch von jeher, die jene Gestalten in ihrer Person
lebendig auf die Bühne brachten. Auch stellen sie dieselben noch
jetzt gerade so dar, wie sie von ihnen geschnitzelt werden, oder
schnitzeln dieselben so, wie sie von ihnen dargestellt werden. Eine
Kunst greift in die andere ein, und so helfen beide einander
gegenseitig fort. — Auch bei der Aufführung im Jahre 1850 war
wieder ein Holzschnitzler: Pflunger, der Darsteller des Christus.
Sein vorzügliches Talent ist noch dadurch öffentlich anerkannt,
daß er, wie man in Ober-Ammergau spricht, zum „Zeichnungs-
lehrer" bestellt ward. Petrus ward durch den Faßmaler Zwink,
Johannes durch den Bilderschnitzer D. Bierling, Judas durch
den Bildschnitzer Lechner, Annas durch den Bildschnitzer G. Bierling, Pilatus durch den Bildschnitzer Stückl dargestellt. Auch
Magdalena war eine Bildschnitzerstochter. Jene örtlichen Verhältnisse scheinen denn auch dem Ober-Ammergauer Passionsspiele schon von Alters her ein besonderes Ansehen vor den
übrigen zugewendet und erhalten zu haben.

Wenn demnach diese Darstellungen gewissermaßen zur natürlichen Genugthuung eines eingebornen Kunsttriebes dienen
und sohin mit einer fortdauernden Lebensfähigkeit ausgestattet
sind, welche Aehnliches in andern Gauen und Gemeinden über-
dauerte, so ist das Ober-Ammergauer Passionsspiel auch z w e i-
t e n s dadurch vorzüglich vor dem Verfalle und Schwinden gesichert gewesen, daß seine Wiederholung zugleich durch ein religiöses Gelübde der Gemeinde zur Pflicht gemacht war.

Die versprochene Darstellung sollte im Sinne der frommen
Gelobenden ein heilsames Mittel sein, das Leiden und Sterben
des Erlösers allen kommenden Geschlechtern des Ammerthales
tief einzuprägen, heilige Entschlüsse in ihnen zu erwecken und
auf die Besserung ihres Lebens hinzuwirken. Dieser Zweck wurde

erreicht und bei so gutem Erfolge auf Erfüllung des Gelübdes
in jedem zehnten Jahre, wenn es die Zeitumstände irgend er=
laubten, genau gehalten, wozu auch immer die später erforderlich
gehaltene allerhöchste Genehmigung erfolgte. So galten diese
Darstellungen den Ober=Ammergauern um ihres Gegenstandes
willen noch immerfort für eine wirkliche Heiligung, für einen
Gottesdienst, zu dessen Uebung ein religiöser Drang hintreibt.
Fromme Begeisterung und andächtiges Gedächtniß des von den
Vorfahren gethanen Gelübdes sind daher der Boden, auf wel=
chem sich dieses Spiel vorzugsweise vor demjenigen anderer Orte
erhalten hat. In dieser Weise wird nicht nur im Orte selbst,
sondern auch in der Nachbarschaft diese Feier von der bei weitem
überwiegenden Mehrzahl aufgefaßt. Am Schlusse werde ich näher
darthun, wie noch heute Vielen eine andächtig mitgefeierte Passion
nicht allein ein gutes Werk gilt, sondern selbst ein wirkliches religiö=
ses Erbauungs= und Besserungsmittel, auch für das Seelenheil
ersprießlich ist. Wenn ich auch in der Einleitung den Zweifel
ausgesprochen, ob Devrients Hoffnung eines Wiederauflebens
der religiösen Volksschauspiele ihrer Erfüllung so nahe sein möge,
als sein Enthusiasmus dafür annimmt, so bin ich doch überzeugt,
daß der größere Theil der Zuschauer, welcher eben der Umge=
gend angehörte, noch die zu solcher Wirkung erforderliche Kind=
lichkeit des Gemüthes besitzt. Nach meinen Wahrnehmungen
und Erkundigungen kann ich für Ober=Ammergau durchaus nicht
bestätigen, sondern würde in Abrede stellen müssen, was bei Ge=
legenheit von Pichlers Schrift über das Drama des Mittelalters
in Tyrol in 350 der allg. Augsburger Zeitung von 1850 in
folgenden Worten gesagt worden ist: „Dieser Geist, dieser Sinn ist
„im heutigen Volke, in der Masse, nicht mehr vorhanden. Ein
„enthusiastisches Eingenommensein für den alten Glauben, und
„noch lieber der Mangel eines höhern Verständnisses alles Reli=
„giösen unter der Menge sei Allen zugegeben, die nach einem
„Einwurfe suchen. Wir entgegnen einfach: Das rohe, sinnlich=
„gläubige Volk ist unterdessen zu frivol und das denkende, in=

„nerlich fromme zu gebildet geworden, um solche Erbauungs-
„mittel vertragen zu können." — Dies ist mit Erlaubniß, wenn
es so allgemein behauptet wird, eine Unwahrheit, wenigstens
nur bei einem verhältnißmäßig kleinern Theile der Zuschauer in
Ober=Ammergau zutreffend. Eben so wenig darf ich folgenden
am angeführten Orte gemachten Aeußerungen zustimmen: „Die
„Tausende, die zu dem Leidensspiele der Holzschnitzer strömten,
„wissen wenig mehr von der Stimmung, welche das Heilige vor
„der Entheiligung schützt, wenn es sich derbsinnlich darstellen
„will. Die Absicht, ein religiöses Werk zu verrichten im Be-
„suche der Passion ist den Meisten fremd, diese Meinung selbst
„unterm Volke im Erlöschen. Das Publikum, aufmerksam ge-
„mustert, konnte kaum mehr als theilnehmendes Volk angeführt
„werden. Aus den Schichten, die für die Sache fühlen sollen,
„erschienen meist Weiber und Kinder, ältere Männer, Begleiter
„ihrer Familien, das jüngere Mannsgeschlecht blieb auffallend
„karg vertreten. Die gebildeten Stände gaben zur namhaften
„Zahl der Zuseher wohl ein Drittel. Ergriffenheit und Rühr-
„ung meldet sich in wenigen Momenten, gottesdienstliches Ver-
„sinken im Anschauen überkömmt wohl nur die sensibelsten See-
„len." Ich weiß nicht, welchen Vorstellungen der Berichterstatter
beigewohnt hat. Weder diejenige, der ich beiwohnte, noch die
mehrern, welche eine gute Anzahl meiner Bekannten und Freunde
gesehen, boten zu solchen Bemerkungen und namentlich zu der:
daß ein Drittheil der Zuschauer den gebildeten Ständen angehört, Anlaß dar. Daß jüngere Männer weniger gesehen werden,
hat in deren Unabkömmlichkeit aus dem Hauswesen Schuld. Der
kräftigste Theil der jungen Mannschaft steckt im Militär und kann
nicht zur Passion kommen. Es ist auch ein Widerspruch in dem
Mitgetheilten, wenn der Berichterstatter weiter äußert, daß die mög-
liche Rührung nur etwa von den Gästen der höhern Gesellschaft
gefühlt worden. Hätte der Berichterstatter meine Begleiter, fünf
an der Zahl, und eine Menge mir bekannter Herren und Da-
men, welche im Jahre 1850 dem Passionsspiele zugeschaut ha-

ben, darunter viele Protestanten, selbst aus höchsten Ständen,
über den Eindruck, den sie aus der Vorstellung mit sich nah-
men, vernehmen können, so würde ihm nicht „die Ueberraschung
und stellenweise Ekstase fast unerklärlich geblieben" sein, welche
Eduard Devrient in seinem Berichte über das Ober-Ammergauer
Passionsspiel kund gibt. Jeder, welcher Devrient, diesen ruhigen,
besonnenen, sonst immer nüchtern urtheilenden Künstler und Kri-
tiker kennt, wird unbegreiflich finden müßen, daß er gerade vor
einem Bauernspiele den Maßstab der Kritik völlig fallen gelassen
und sich einer Gefühls-Ausschreitung hingegeben haben sollte,
welche ganz wider seine Natur ist. Ein Schauspieler geräth
außerdem nicht leicht ohne erheblichste Ursache in eine solche Hin-
gerissenheit von einem Gegenstande, bei dem das Kunstinteresse
nur eine Seite und zwar nicht die hauptsächlich hervortretende
bildet. Nicht minder ergriffen, als Devrient, stellte sich ein anderer, ein Hannover'scher Hofschauspieler, dar, welcher die Vorstellung besuchte, der ich beiwohnte. Auf einer Reise nach Italien begriffen, war er nur so zufällig in das von seinem Wege
nicht weitab liegende Ober-Ammergau hineingerathen. Ich vernahm
sowohl während, als nach der Vorstellung, seine bewundernden
Aeußerungen, und hörte ihn den Entschluß fassen, noch mehrere
Tage am Orte zuzubringen, um sich mit den Mitteln und Personen, welche hier gewirkt haben, näher bekannt zu machen. Ein
hochadeliges, protestantisches Fräulein, welches sehr fromm ist,
äußerte gegen mich, daß sie nie etwas Ergreifenderes gesehen. Ein
bisher wenig religiöser Zollbeamter, dem die heilige Geschichte
wenig gegolten hatte und der sich vielleicht mit den Zöllnern
und Sündern derselben auf einer Linie befinden mochte, ward
durch einen meiner Freunde, mit dem er unterwegs zusammen-
traf, zur Mitreise nach Ober-Ammergau beredet. Hier saß ihn
Jener nicht allein völlig hingerissen und entzückt von dem Ge-
schauten, sondern hörte auch von ihm den Entschluß, sogleich
nach seinem 48 Stunden entfernten Wohnorte schreiben und die
Seinigen auffordern zu wollen, sich zum nächsten Spieltage in

4*

Ober-Ammergau einzufinden, namentlich die Kinder, welche nirgends eine solche Schule der Religion finden könnten. — Aehnliche Wirkungen des Paſſionsſpiels werden auch von andern Be-
richterſtattern gemeldet. Der berühmte Pantheiſt Oken hat im
Jahre 1830 einem G'ſpiel beigewohnt und einen Bericht darüber
veröffentlicht, welcher ihm durch die Wärme ſeiner Anerkennung
den Verdacht des Kryptokatholicismus zuzog. Auch er bezeugt
den „tiefen Eindruck, den die Darſtellung auf Tauſende machte.“
Er ſah „oft das ganze Publikum bis zu Thränen gerührt, ein
Beweis, was ſchlichte, ungekünſtelte, ernſte Darſtellung eines ern-
ſten und heiligen Gegenſtandes vermag.“ Seinen Bericht ſchließt
er mit der Verſicherung: „wohl Niemand ſei ohne Rührung, ohne
Erhebung und ohne Achtung für die Tiefe der Wahrheit und
Wirkung dieſes Volksſchauſpieles. Selbſt der Künſtler könnte
hier lernen, was der Zuſchauer mit Luſt in ſich einſaugt und
was dem Geber Dank verſchafft.“ Aehnliche Wahrnehmungen
hatte Guido Görres bei der Darſtellung im Jahre 1840 gemacht. Gleiches erfuhr Profeſſor Deutinger in Dillingen, welcher einen ausführlichen Bericht über das Paſſionsſpiel des Jahres 1850 veröffentlicht hat. Auch er kann die beobachtete Wirkung des Totaleindruckes nicht mächtig genug ſchildern und muß
bezeugen, daß die ganze Darſtellung im Gemüthe des Zuſchauers
eine wahrhafte Begeiſterung erweckte. Die lebendige Erſchei-
nung der höchſten Liebe, ſagt er, iſt es, welche ſo mächtig
auf jeden Menſchen wirken muß und den Gebildeten wie den
Ungebildeten mit gleicher Kraft ergreift. Ein Franzoſe, der
Baron Roiſin, welcher auch 1850 Ober-Ammergau beſuchte und
darüber öffentlich berichtet hat, ſagte: Jadis on voyoit les specta-
teurs so mettre en prière; aujourd'hui ces sympathies sont
encore plus vives. L'auditoire est convaincu, attentif, ar-
dent, ferme dans l'ame et versant de vraies larmes. Le
campagnard est pendant huit heures ravi au troisième ciel;
il prodigue à son départ les éloges de bon aloi et con-
vient franchement que chez lui on n'en sauroit faire au-

tant. L'étranger, même habitué aux prestiges dramatiques de nos cités, ne savoit se soustraire complétement à cette pieuse impression. Nicht minder bezeugt der Landrichter Gerstner in seinem Berichte über die Aufführung vom 16. Juni 1850, man habe sich überzeugen können, daß alle die zuschauenden Landleute religiöser Sinn versammelt gehabt und daß die Eindrücke besser als eine Predigt gehaftet. So wird auch noch von vielen andern Zeugen bestätigt, daß die Passionsdarstellungen in Ober=Ammergau von dem glücklichsten Erfolge auf die Zuschauer begleitet waren, und Aristoteles Aufgabe der Tragödie: Die Seele durch Mitleid und Furcht von den Leidenschaften zu reinigen, vortrefflich gelöst worden. Die Ober=Ammergauer erwarten auch mit Recht, daß die Zeugen ihrer Gelübbeerfüllung nicht nur eine fromme Intention mitbringen, sondern mit ihnen den Zweck verfolgen, heilige Entschlüsse zu erwecken und auf die Besserung des Lebens zu wirken. „Mögen darum Alle, sagen sie in ihrem Programm für die Vorstellungen des Jahres 1860, die da kommen zu sehen, wie der göttliche Mann der Schmerzen, seinen Weg antrat, um für die sündige Menschheit zu büßen, wohl erwägen, daß es nicht hinreiche, das göttliche Urbild zu beschauen und zu bewundern, daß wir vielmehr das göttliche Schauspiel zum Anlasse nehmen, uns zu seinen Nachbildern umzugestalten, wie einst die Frommen des alten Bundes seine wohl getroffenen Vorbilder waren. Möge die sinnbildliche Vorstellung seiner erhabenen Tugenden uns zu dem heiligen Entschlusse entflammen, in Demuth, Geduld, Liebe und Sanftmuth ihm nachzufolgen. Dann, wenn das, was wir bildlich gesehen, in uns Leben und Wahrheit geworden ist, hat das Gelübbe unserer frommen Väter seine schönste Erfüllung erhalten; und dann wird auch jener Segen nicht ausbleiben, mit dem Gott einst den Glauben und die Zuversicht unserer Väter belohnt hat.“

Wie sehr auch die Darsteller von der Pietät für die Gelübde der Voreltern durchdrungen sind, mit welch' einer religiösen Begeisterung sie ihre Aufgabe fassen und wie sehr sie von dem

cultusmäßigen Charakter ihres Spiels durchdrungen sind, ergibt sich schon daraus, daß sie sich theilweis, je nach der Würde
der Rolle, die ihnen zugetheilt worden, auf religiöse und kirchliche Weise zu der Aufführung des Passionsspieles vorbereiten.
Der Ober-Ammergauer, welcher im Jahre 1840 den Christus
darstellte, und welcher 1850 noch lebte, hat, wie mir in glaub-
würdiger Weise erzählt worden, vor jedem Spiele gebeichtet und
communicirt. Man kann leicht denken, wie den Spieler eine
höhere Weihe ergriffen haben muß, als unsere Tragödienspieler
durch Champagner sich zu geben wissen, welcher körperlich ab-
spannt, während die Speisung mit dem himmlischen Brode
immer höher steigende Kraft und Begeisterung zur Folge hat.
Es sollte mich gar nicht wundern, wenn es unter den Darstellern
im Ober-Ammergauer Spiele Einigen erginge, wie der großen
spanischen Schauspielerin Clara Camacho, welche von einer Rolle,
die sie in einem ähnlichen Spiele darstellte, so ergriffen ward,
daß sie die Bühne verließ und sich einem frommen und erbau-
lichen Leben widmete, oder wie dem Schauspieler Damian Arias
be Pennafiel, der die Bretter verließ, um in einen strengen
Büßerorden zu treten. Für das Bewußtsein der religiösen Würde
der Darstellungen ist auch die Art und Weise Zeuge und Bürge,
wie die Gemeinde zur Besetzung der Rollen schreitet. Die Vorrede hat schon gemeldet, wie sie sich dazu durch einen besondern
Gottesdienst vorbereitet. Sie wählt durch einen dazu bestellten
Ausschuß die Darsteller und läßt sich dabei von dem Rufe leiten,
dessen der Mann, welcher eine heilige Rolle darzustellen hat, ge-
nießt. Nur geborene Ober-Ammergauer dürfen auftreten. Man
wacht hierüber mit strengem Puritanismus. Nur auf die Nationalität der Thiere, welche auf die Bühne kommen und doch
auch zu den Darstellern gehören, pflegt sich derselbe nicht zu er-
strecken. Nachdem über die Auszuwählenden eine Art Sittengericht
gehalten worden, dessen Beisitzer auch fortwährend den Wandel
der Auserkorenen überwachen, werden die einzelnen Rollen durch
Wahl besetzt. Zu den Wechslern im Tempel, den Pharisäern,

Kriegsknechten und Schächern, namentlich aber als dem Barrabas läßt man auch minder würdige Personen zu und übt eben
dadurch, daß man ihnen eine schmachvolle Darstellung auferlegt,
wiederum eine Art öffentlicher Sitten-Kritik und Verurtheilung.
Auch die zum Bau und Ausrüstung des Theaters und der Garderobe erforderlichen Arbeiten, geben die Ober-Ammergauer nicht
aus ihren Händen. So war denn auch 1850 das Theater ausschließlich von einheimischen Bauleuten aufgeführt. Die Scenerie und
Decorationsarbeiten hatten Pflunger und Lang gemalt. Die Garderobe war von einheimischen Schneidern restaurirt.

Die vorzugsweise natürliche und künstlerische Begabung des
Ober-Ammergauer, so wie die tiefe religiöse Auffassung der
Würde, des Ursprunges und Zweckes ihres Passionsspieles, wür-
den aber an und für sich und ohne Hinzutritt eines dritten
Moments nicht hinreichend gewesen sein, das Spiel zu erhalten.
Es kam die oben bereits charakterisirte Zeit, wo dieser Art von
Religiosität eine Irreligiosität entgegentrat, welche es auch auf
die Vertilgung dieser frommen Bauernspiele abgesehen hatte.
Es war die Zeit, welche die Möglichkeit herbeiführte, daß in
dem vom Illuminatismus durchwühlten Bayern auf höhern Befehl in einer Nacht überall die an den Wegen der öffentlichen Andacht errichteten Crucifixe und Heiligenbildstöcke unter
den polizeilichen Streichen frevler Aerzte fielen. Das war die
Zeit, in welcher auch die katholischen weltlichen Fürsten in der
Säcularisation der Klöster ein Mittel suchten, wodurch sie sich
von ihren schmachvollen Verlusten an Frankreich erholen möchten.
Nachdem auch die Abtei Ettal, im Jahre 1803, diesem Schick-
sale verfallen war, hörten der Schutz und die Leitung auf, deren
die Ober-Ammergauer Passionsspiele sich von dort erfreuet hatten.
Der bequemen Lebensart unter dem Krummstabe wurde durch
ein Heer aufgeklärter Beamten ein Ende gemacht, welche das
Volk einer lästigern und schlimmern Aufsicht unterwarfen, als
jemals die Klöster geübt hatten. Wie diese mit den geistlichen
Behörden gemeinschaftlich die Passionsspiele auszurotten beflissen

waren, ist oben gezeigt. Auch dem Ober-Ammergauer Passions-Spiele war gleiche Behandlung als den übrigen zugedacht. Man schien sich nicht erinnern zu wollen, daß 1780 Churfürst Karl Theodor das Spielbuch einsehen lassen und erklärt hatte, daß er, weil sich darin nichts Ungebührliches gefunden und aus mehr anderen triftigen Ursachen gnädigst bewillige, daß solches noch ferner alle 10 Jahre „ohne männiglicher Hinderniß" öffentlich aufgeführt werden möge. Man hatte auch noch 1800 gänzlich vergessen, daß in der Verordnung der Oberlandes-Regierung vom 30. März 1791, welche das allgemeine Verbot der Passions-Spiele verschärfte, ausdrücklich befürwortet war, „hingegen ist der Gemeinde Ober-Ammergau per modum Privilegii, welches derselben bereits 1780 ertheilt worden, alle zehn Jahre einmal in den Pfingstfeiertagen das Schauspiel ungehindert öffentlich aufführen zu dürfen, nochmals gnädigst bewilligt worden." Nach-dem sich die im Jahre 1800*) durch die Kriegsereignisse unter-brochenen, im Jahre 1801 fortgesetzten Darstellungen noch eines ziemlichen Erfolges, selbst der Anerkennung der in Ober-Ammer-gau einquartirten Oesterreicher erfreut, glaubten die Ober-

---

*) Die fünfmaligen Vorstellungen des Jahres 1800 waren wegen der damaligen Kriegswirren sehr schwach besucht, so daß bei der ersten nur 92 fl. 24 kr., bei der zweiten 52 fl., bei der dritten 56 fl. 18 kr., bei der vierten 120 fl. 12 kr., bei der fünften 129 fl. 24 kr. mithin im Ganzen 450 fl. 24 kr. eingiengen, während die Ausgaben auf 655 fl. 12 kr. sich beliefen. Deßhalb wurde die Passion im Jahre 1801 noch viermal vorgestellt, wobei eine Einnahme von 1015 fl. 24 kr. er-zielt wurde, die Ausgaben aber 672 fl. 48 kr. betrugen, unter diesen dem Matthias Koch für das Passionsmal „der Actores" bezahlt 86 fl. 20 kr. In Gegenwart der Oesterreicher war namentlich am 24. und 26. Juni 1800 auf Verlangen des Generals Grünne und mehrerer Offiziere gespielt, „wobei selbe erschienen, auch fast alle gemeine Sol-daten, welche alle ein so vollkommenes Vergnügen gehabt, daß es nicht zu sagen. Auch haben auf Befehl des Herrn Obristen alle Ein-gänge auf dem Theatrum kaiserliche Wachen besetzt, daß Niemand, auch sogar Soldaten ohne Bezalung nicht hineinkommen durften."

Ammergauer sich, auf ihr Privilegium gestützt, für das Jahr
1810 wieder um die Erlaubniß der Aufführung bewerben zu
dürfen. Das Landgericht zu Schongau hatte sich für die Ge-
währung ausgesprochen, weil die Sache an sich unbedenklich sei,
das Spiel selbst nach dem vorgelegten, schon früher genehmigten
Programme nichts Unschickliches enthalte und bisher immer unter
dem Zuströmen einer großen Menge Volkes zur Erbauung aller
Zuschauer gegeben worden, die Gemeinde auch mit einem anständigen Theater, passenden Kleidungen und geübten Spielern
versehen sei und überdies versprochen habe, den nach Bestreitung
der Kosten verbleibenden Rest für die Ortsschule verwenden zu
wollen. Gegen diese Anführungen machten beim Königl. Mini-
sterium zu München sowohl die Kirchen- als Polizei-Section
geltend,

> daß die Aufführungen solcher Vorstellungen längst als mit
> der Würde der Religion unvereinbarlich anerkannt und durch
> die Landesherrlichen Generalverordnungen allenthalben ab-
> gestellt worden, daß der angegebene Zweck der Verwendung
> des Ueberschusses zu Schulzwecken die Unschicklichkeit des
> beabsichtigten Mittels hiezu nicht entschuldigen können und
> daß die Gewährung des Gesuches eine Menge anderer her-
> rufen würde, es aber in keinem Falle räthlich sei, diese
> seit 40 Jahren verbotenen und seit 10 Jahren vergessenen
> Vorstellungen wieder einführen zu lassen, da, wenn auch
> ihre Details nichts auffallend Unschickliches enthielten, schon
> die Idee, auf der sie beruhen, eine große In-
> becenz sei."

Auf diese Art abschläglich beschieden, konnten sich die Ober-
Ammergauer wenig Hoffnung machen, jemals die Bewilligung
der Regierung zu erhalten. Doch ward beschlossen, durch Abgeordnete in München persönlich die Sache betreiben zu lassen.
Es ging eine Deputation nach München. Die Männer wurden
vom Oberkirchenrathe, dem sie ihr Gesuch vortrugen, ohne viele
Umstände abgewiesen.

Der Präses des geistlichen Rathes beschied die Ober-Ammergauer: sie sollten baldmöglichst nach Haus gehen und sich von ihrem Pfarrer das Leiden Christi predigen lassen, das sei besser, als wenn sie den Herrgott auf ihrem Theater herumschleppten. Der Vater meines Wirthes, des Verlegers Johannes Lang, der tüchtige Georg Lang, war der Sprecher der Deputation. Vergeblich wendete er alle Beredsamkeit auf, um den geistlichen Rath von der Heilsamkeit des Passionsspieles zu überzeugen. Der alte Lang war aber nicht der Mann, der sich durch die Härte der Oberbehörde und dadurch einschüchtern ließ, daß gedrohet ward: man werde die Deputation, wenn sie ihr Queruliren fortsetzte, aus der Stadt weisen. Er wandte sich mit seiner Deputation an den geistlichen Rath Sambuga.*) Dieser nahm die Ober-Ammergauer gütig auf und verfaßte ihnen sogar eine Bittschrift zur unmittelbaren Abgabe an den König Maximilian Joseph. Er bereitete ihnen auch zu guter Aufnahme bei diesem die Wege. Beim lieben König Max fand man ein besseres Gehör, als bei dessen starrer Behörde. Der König interessirte sich für die Sache und der Deputation, welche schon die mündliche Zusage mit heim nahm, ward die Special-Erlaubniß nachgesendet. Der Minister Graf Montgelas, hatte sich denn auch durch die Erwägung, daß vor Kurzem in dem damals zu Bayern gehörigen Tyrol solche Spiele ebenfalls wieder erlaubt worden waren, und daß man die getreuen Unterthanen Alt-Bayerns in einer „an und für sich unschuldigen Sache", welche zunächst als ein in der ganzen Umgegend von Ober-Ammergau sehr beliebtes „Volksfest" in das Auge zu fassen sei, nicht wohl strenger behandeln könne, unterm 3. März 1811 zu der Entschließung bewogen gefunden:

daß der Gemeinde Ober-Ammergau aus den beigebrachten Gründen und unter den begutachteten Bedingungen die Auf-

---

*) Jos. Ant. Sambuga geb. 1752 Religionslehrer des Königs Ludwig I. und seiner Geschwister starb 1815. Er war ein edler Mann.

führung des bisher alle 10 Jahr veranstalteten Passions=
spiels für das laufende Jahr gestattet sei.

Ohne die Beharrlichkeit Georg Lang's würde der Gemeinde
das Passionsspiel trotz der oben gedachten andern beiden gün=
stigen Umstände nicht erhalten sein. Die Sache lief darnach auch
bei den 1811 veranstalteten 5 Aufführungen in den 1815 er=
folgten elf Darstellungen so günstig ab, daß selbst der, bei den
letztern eigens um dieß Spiel kennen zu lernen, von München
erschienene Minister Graf Montgelas, das Oberhaupt der auf=
geklärten Staats=Männer in Bayern, sich durch die Darstellung
sehr wohl befriedigt fand. Nachdem dieser Herr das Passions=
spiel approbirt hatte, war von einer Beseitigung desselben nicht
mehr die Rede. Bei spätern abschläglichen Bescheidungen anderer
Gemeinden auf ihre Gesuche um Verstattung religiöser Spiele
ward denselben bemerklich gemacht: die der Gemeinde Ober=
Ammergau ertheilte Genehmigung könne nur als eine Ausnahme
angesehen werden, welche derselben bei dem Umstande, daß das
Passionsspiel daselbst schon von jeher alle 10 Jahre üblich ge=
wesen und immer mit Anstand aufgeführt worden und aus be=
sondern Rücksichten auf die dortigen Ortsverhältnisse zugestanden
worden, welche aber nicht zur Folge dienen solle, um solche Be=
willigung auf andere Gemeinden auszudehnen und zu verviel=
fältigen. Das Ober=Ammergauer=Spiel blieb daher das allein
begünstigte.

War auch i. J. 1815 der Besuch des Passionsspieles von
Seite des Volkes ziemlich schwach, so hielten auch außer dem
Minister von Montgelas verschiedene hohe Personen, namentlich
der berühmte Herzog Eugen von Leuchtenberg, welcher sogar zwei
Mal dem Spiele beiwohnte, der Mühe für werth, die merkwür=
dige Erscheinung mit eigenen Augen kennen zu lernen.

Ueber die Aufführungen von 1820 findet sich nichts be=
sonders aufgezeichnet. Im Jahre 1830 wurde das Passionsspiel
zum ersten Male auf dem gegenwärtig sogenannten Passions=
Platze vor dem Dorfe aufgeführt. Dasselbe hatte sich von nun

an einer allgemeinen Theilnahme auch von Seiten der höher
Gestellten und Gelehrten zu erfreuen, als früher und ward auch
in öffentlichen Blättern besprochen. Die erheblichste dieser Publi-
kationen war der bereits oben erwähnte Ofensche Aufsatz.

Im Jahre 1840 waren die Passionsspiele sehr besucht, so
daß drei Mal, obwohl das Theater 8000 Personen fassen konnte,
nicht alle Herbeigekommenen Platz fanden und so am nächsten
Tage das Spiel wiederholt werden mußte. Der Kronprinz von
Bayern, der König und die Königin von Sachsen, die Herzogin
von Leuchtenberg und andere hohe Personen beehrten in diesem
Jahre die Vorstellungen mit ihrem Besuch. Sehr verdient machte
sich um das Spiel dieses Jahres der Landrichter Alliolt.

V.

Ueber die Texte
des Ober-Ammergauer Passionsspieles

vermag ich aus eigener Anschauung wenig zu sagen. Der mir
auf der Bühne in einem Zwischenakte vorgewiesene eng geschriebene starke Foliant, welcher den Text der gegenwärtigen Aufführung enthielt, konnte von mir aus Zeitmangel nicht näher
eingesehen werden. Auch waren die Ammergauer auf den Text
ihres Spieles bisher sehr eifersüchtig und haben von jeher nur
die Vorträge des Chors, d. h. den Theil des Textes, welcher
mit Musikbegleitung vorgetragen wird, den Händen der Besucher
ihrer Aufführungen anvertraut. Auf meine Frage an den wackern
Pfarrer Daisenberger: weshalb nicht auch der übrige Text des
Spieles gedruckt werde, welcher doch gewiß reißenden Absatz
finden würde? entgegnete mir derselbe: es werde gefürchtet, daß
man sich in diesem Falle fremden Ortes das Spiel aneignen
werde. Dieses ist aber wohl bei den besondern Umständen, unter
denen sich das Ober-Ammergauer Passionsspiel erhalten hat,
nicht leicht zu besorgen. Ich glaube vielmehr zwischen den Zeilen
dieser pfarrherrlichen Antwort in Geheimschrift als mächtigern
Beweggrund dieses Secretirens die Besorgniß lesen zu dürfen,
es möchten bei einer Textveröffentlichung katholische wie prote-
stantische Aufklärer mit unziemlicher Kritik über dieses Dicht-
werk herfallen. Diesen Grund ehre ich auch.

Die Texte, nach denen früher gespielt worden, sind nur theilweis
vorhanden und befinden sich in den Händen des Verlegers Johannes
Lang. Die vom Dompropste v. Deutinger verbreitete Vermuthung,
daß der beim München-Freisinger Ordinariate aufbewahrte Quar-

tant mit der Aufschrift: der alte Ammergauer Passion
der ursprüngliche Spieltext sei und diesem der vom Pfarrer
Albl verfaßte Weilheimer zu Grunde gelegen haben möge, hat
sich als unrichtig erwiesen. Der durch den Herrn Verfasser Prechtl
besprochene bisher unbekannt gewesene älteste Spieltext vom
Jahre 1662 der auf 150 Quartblättern 4500 Verse enthält,
hat mit dem Weilheimer Spiele weiter nichts gemein, als daß
14 geschriebene Blätter später eingeklebt worden, deren Inhalt
mit jenem größtentheils wörtlich übereinstimmt, zugleich aber den
Beweis liefert, daß der alte Ammergauer Text einen ganz andern Verfasser hat.

Diese älteste bekannte Passion hatte noch keine durch Herab-
lassen eines Vorhanges unterbrochene Handlungen, sondern ward
in Einem fort gespielt. Wo aber eine Pause wegen Anbringens
neuer Vorrichtungen erforderlich war, ist sie mit den Worten angedeutet: hier wird Etwas gesungen, oder: hier wird mit der
Trommete aufgemacht. Das ganze Spiel hat folgenden Gang:

I.

1) Prologus ladet zur Aufmerksamkeit und Ruhe ein und gibt
einen kurzen Abriß vom Ganzen.

2) Christus geht nach Bethanien. Simon Leprosus und Martha.
Maria Magdalena salbt Christum. Judas und die heilige
Jungfrau.

3) Der Herr sendet Petrus und Johannes nach Jerusalem.
Diese treffen den Mann mit dem Wassergefäße und durch
ihn den Cönaculumswirth. Christus kommt.

4) Speisen des Osterlamms. Fußwaschung. Die Jünger fragen:
wer verrathen werde. Abendmahlsfeier. Gespräche dabei.

5) Aufhebung der Tafel. Die Juden versammeln sich zum Rath
namentlich: Annas, Kaiphas, Achelaus, Jakob, Amon,
Nathan, ein Sabbucäer, Nicodemus. Ein Rabbi hetzt gegen
Christum auf.

6) Judas kommt in den Rath und wird Handels einig. Da

ihm der Rabbi das Geld gibt „straiht ain Teisl hint an Im und tanzt hinter ihm."

7) Judas geht. Drei Teufel springen herein und freuen sich über den abgeschlossenen Handel.

II.

1) Prologus macht auf Judas Verrath aufmerksam.

2) Maria mit den andern Frauen nach Bethanien. Judas sucht sie zu beruhigen.

3) Maria und die Frauen gehen auf der einen Seite ab, Judas auf der andern.

4) Christus kömmt mit den Jüngern zum Oelgarten. Er nimmt die drei bei Seite und betet drei Mal. Ein Engel kommt und hebt ihn auf.

5) Der Engel verschwindet und Christus geht mit den Jüngern dem Judas entgegen.

6) Dieser erscheint mit 2 Rittern des Annas, 4 Rittern des Kaiphas, 4 Rittern des Pilatus. Hauptmann Longinus mit 4 Kriegsknechten. Sein Diener Solan. Malchus. Jacob, Natan und der Rabbi. Sie stehen vor dem Garten still. Auf Christi Ansprache fallen die Soldaten nieder.

III.

1) Prologus hält eine Anrede über Christi Gefangennahme.

2) Christus vollendet sein Gespräch mit den Soldaten, welche ihn binden. Malchus faßt den Herrn an.

3) Scene des Ohrabhauens. Johannes entflieht. Die Juden führen den Herrn hinweg. Dieser setzt sie zur Rede.

4) Jesus abgeführt. Annas tritt auf. Die Pharisäer erscheinen mit Christo vor ihm. Verhör, Backenstreich.

5) Annas geht. Die Mägde am Feuer. Petri Verläugnung, nachdem Christus abgeführt worden.

6) Der Hahn krähet. Christus wird ein und wieder abgeführt. Petrus Reue.

7) Kaiphas und Schriftgelehrte. Christus vor Kaiphas. Er wird auf einen Stuhl gesetzt. Man verbindet ihm die Augen. Seine Verhöhnung durch die Soldaten.

8) Kaiphas ab. Christus abgeführt. Maria geht mit den Frauen und Johannes nach Bethanien. Ihr Gespräch bis vor Kaiphas Haus. Rathsversammlung. Judas wirft das Geld, geht hin zu einem nahen Baum. Es kommen drei Teufel zu ihm und „der Rath verzeucht bis er sich erhenkt."

9) Gespräch zwischen Judas und Satan. Judas erhängt sich. „Die Teifel nemben Judas vom Paumb herab und tragen ihn mit Greinen in die Höll." Berathschlagung wegen des Geldes.

10) Christus zu Pilatus geführt. Annas, Kaiphas und die Pharisäer seine Ankläger. Er wird in das Haus des Pilatus hereingeführt. Seine Vernehmung.

11) Christus vor Herodes. Langes Verhör. Er schweigt. Es wird ihm ein weißes Kleid angezogen.

12) Christus zurückgeführt. Maria und die Frauen begegnen dem Zuge.

13) Christus nochmals vor Pilatus und wieder verhört.

14) Pilatus befiehlt die Geißelung und sieht derselben zu. Er gebietet Einhalt. Dornenkrönung.

15) Christus von der Geißelsäule abgelöst, sinkt um. Er wird aufgerichtet und ihm der Purpurmantel angelegt. Die Krone wird mit zwei Stäben festgedrückt. Christus erhält einen Kolben in die Hand. Verspottung.

IV.

1) Prologus macht auf den Ecce homo aufmerksam.

2) Pilatus führt Jesum zu den Juden. Diese dringen auf Kreuzigung. Rettungsversuche des Pilatus. Er erfährt den Traum seiner Frau und läßt Christum in's Richthaus führen. Dann geht er allein zu den Juden hinaus und wäscht seine Hände.

3) Die falschen Zeugen treten auf. Christus wird von Neuem verspottet. Pilatus gibt nach. Barrabas freigegeben.

4) Die Rathsherrn gehen ein. Pilatus und Annas sind schon im Rathe. Die 2 Schächer werden gebracht.

5) Pilatus verlangt, daß jeder Richter sein Urtheil besonders abgebe.

6) Er verkündet das Todesurtheil.

V.

1) Prologus bereitet auf die Kreuzigung vor.

2) Die Hohenpriester, Juden u. s. w. kommen mit Hellebarden u. s. w. Nach ihnen führt einer die beiden Schächer. Zuletzt kommt Christus, dem von einem Soldaten das Kreuz aufgelegt wird.

3) Simon von Cyrene muß Christus das Kreuz tragen helfen. Der Heiland begegnet seiner Mutter, dem Johannes und der Veronica. Die Scene mit den weinenden Frauen.

4) Christus kommt mit dem Kreuze vor Pilatus Haus, der sein Mitleid betheuert. Fortsetzung des Zuges bis zum Calvarienberg.

5) Auf diesem Berge werden Christo die Kleider abgezogen bis auf das weiße Unterkleid. Johannes bringt von Maria einen Schleier, daß man des Heilands Blöße bedecke.

6) Der erste Ritter des Pilatus bindet Christo den Schleier um. Christus wird auf's Kreuz gesetzt und erhält zu trinken.

7) Bohrung der Löcher. Christus auf das Kreuz gelegt. Annagelung und Ausstreckung der Hände und Füße mit einem Seile.

8) Lösung des Seiles an den Füßen. Es werden ihm Handtücher um den Leib gelegt, damit er nicht, wenn er ohnmächtig würde, vom Kreuze falle.

9) Aufrichtung der Kreuze Christi und der Schächer. Murren über den Kreuzestitel, den der Schreiber des Pilatus Remone gebracht.

10) Während man zu Pilatus wegen Aenderung des Titels zieht, werden die Kleider vertheilt.

11) Christus singt die sieben Worte am Kreuz.

12) Christus stirbt. Erdbeben (Steine in einem Ganzen gewälzt und etliche Gewehre abgeschossen.) Malchus, Annas und Kaiphas sehen nach dem Tempel.

VI.

1) Prologus deutet auf Jesu Tod am Kreuze hin.

2) Der reuige Hauptmann. Man sendet zu Pilatus wegen Herabnahme vom Kreuze.

3) Die vier Ritter des Pilatus nehmen den linken Schächer vom Kreuz. „Auch sollen die Prügel in rothe Farbe getaucht sein, damit, wenn man den Schächern die Glieder bricht, es aussehe, als bluten sie." Die Teufel tragen den Schächer zur Hölle.

4) Der rechte Schächer wird abgenommen, und so an ihm die Glieder gebrochen. Die Engel führen ihn in's Parables.

5) Während man zu Christus will, kömmt der Hauptmann Longinus und da er nicht recht sieht, so läßt er sich von seinem Diener Solan bei der Seitenöffnung die Hand führen. Beim Eröffnen der Seite fällt Blut des Herrn auf sein Auge und er erhält sein Gesicht wieder.

6) Zwei Engel mit Schüsseln trocknen das Blut des Herrn allenthalben mit Schwämmen auf.

7) Pilatus Schreiber, Joseph von Arimathea, Pilatus und der Hauptmann erscheinen und unterreden sich über Tod und Begräbniß.

8) Maria, Johannes und die Frauen gehen zum Kreuze. Magdalena umfängt es. Maria sitzt dabei nieder.

9) Kreuzesabnahme durch Nicodemus, Johannes und Joseph. Der Leichnam wird Maria in den Schooß gelegt.

10) Mariens Klage. Der Frauen und Johannes Beileid.

11) Maria gibt dem Johannes und der Magdalena den Leich-

nam. Joseph und Nicodemus legen denselben auf ein Tuch. Einbalsamirung. Der Leib wird im zusammengeschlagenen Tuche nach dem Grabe getragen.

12) Grablegung. Dabei bleiben Magdalena, Maria Salome und Maria Jacobi. Gespräch und Abgang derselben.

13) Annas. Kaiphas und der Hauptmann unterreden sich wegen Bewachung des Grabes. Pilatus kömmt und gibt ihnen 4 Wächter. Gespräch dieser Wächter.

14) Erdbeben. Erscheinung zweier Engel, die das Grab aufdecken und ein Zwiegespräch führern.

15) Knall — Christus ersteht mit einem Fähnlein in der Hand. Mit dem rechten Fuße tritt er heraus, mit dem linken bleibt er im Grabe und hält eine kurze Siegesrede.

16) Christus mit den Engeln in der Vorhölle. Adam führt ihm die Seelen entgegen. Drei Teufel laufen voraus und klagen über ihre Besiegung. Sie machen sich davon. Christus redet die Seelen an.

17) Gespräch mit Adam und Eva, Johannes dem Täufer, Abraham, Isaak, Jacob. Christus geht mit ihnen ab.

18) Erwachen der Grabeshüter. Das offene Grab. Ihre Gespräche und Entfernung.

19) Die 3 Marien kommen, jede mit einer Salbenbüchse. Unterredung wegen Wegwälzung des Steines. Sie sehen den Engel. Petrus und Johannes kommen dazu.

20) Nach Entfernung der Engel begeben sich auch die Frauen hinweg. Christus begegnet ihnen in Gestalt eines Gärtners. Maria fällt vor ihm nieder.

21) Während Christus redet, stehen die Frauen um ihn her. Wo er steht „soll ein Brett gericht sein, daß er verschwinden kann."

22) Die Frauen treten ab. Zu den vorigen Aposteln kommen noch Andreas und Jacobus, denen die wiederkommenden Frauen die Auferstehung melden.

23) Die Grabeswächter und der Hauptmann. Annas und Kaiphas kommen. Die Soldaten werden bestochen.

24) Kleophas und Lucas. Christus tritt zu ihnen. Sie gehen nach Emmaus.

25) Die Jünger kommen herein. Die beiden Wanderer treten hinzu und melden was ihnen begegnet. Plötzlich steht Christus unter ihnen und spricht: Friede sei mit euch.

26) Christus verschwindet. Thomas kömmt und will das Erzählte nicht glauben. Auch ihm zeigt sich Christus und überzeugt ihn von seiner Auferstehung.

27) Christus haucht seine Jünger an und gibt ihnen den heiligen Geist.

28) Er verschwindet, die Jünger gehen. Der Epilog wird gesprochen.

Im Jahre 1680 geschah die schon erwähnte Einlage von Textblättern an 14 Stellen. Von nun an erscheint nach dem Prologsprecher der Satan als eine unvermeidliche Zugabe mit seinen Versuchen, die Leute von der Aufmerksamkeit und Andacht abzuhalten. Dann tritt fünf Mal die Seele personifizirt auf und hält mit einem Engel Zwiegespräch über das Leiden Christi. Nach dem Jahre 1700 ist der alte Text schon in manchen wichtigen Stücken abgeändert. Man hat bereits mehrere Vorhänge zum Auf- und Zuziehen. Es erscheint neben dem Prologsprecher ein Passions-Genius oder Argumentator, welcher mit ersterm abwechselnd die bedeutendsten Scenen, namentlich die eingelegten und nach und nach immer vermehrten, plastisch dargestellten Vorbilder erklärt oder mit ihm absingt. Der Schluß des Spieles ist so eingerichtet: Christus steht, nachdem aufgezogen worden, in der Mitte, in der rechten Hand ein vergoldetes Kreuz haltend. Ein Mitspieler hat ein großes Buch, wovon sieben Siegel herabhängen. Die 24 Aeltesten liegen auf ihrem Angesichte zu Boden. Der Passions-Genius erklärt diese Scene (Apokalypse) und die darauf folgende, in welcher die 24 Alten sich in aufrechter

Stellung befinden, die einen mit Schalen, die andern mit Trom-
peten, die dritten mit Harfen in den Händen. Der Plausus,
der Paſſions-Genius, der Epilog und der Chor führen einen
Gesang auf, in welchem bereits männliche und weibliche Reime
wechseln.

Von nun an wurden fortwährend Textveränderungen, oder,
wie man es hieß, Versverbeſſerungen vorgenommen. Daß solches durchweg von Geistlichen des Klosters Ettal geschah, laſſen
die mancherlei lateinischen Bemerkungen am Rande der Texthefte
nicht wohl bezweifeln. Anstatt des Prologus erscheint allenthalben der Paſſions-Genius. Anstatt Eines Lucifer, der auftrat,
um die Zuschauer auf seine Seite zu ziehen, faſſen Teufel, Tod
und Sünde den Entschluß, das höllische Reich durch den Tod
Christi zu befestigen, zu welchem Ende sie den Haß und Neid
absenden, um durch diesen die jüdische Priesterschaft, durch jenen
aber den Iskarioten gegen Christus aufzuhetzen. An dieser Idee
wurde der Hauptsache nach bis zum Anfange unsers Jahrhunderts fest gehalten und diese personificirten Laster, an welche sich
später noch die Welt anschloß, griffen oft in das Spiel ein, wodurch daſſelbe viel von seiner ursprünglichen Einfachheit, Erha-
benheit und Würde verlieren mußte. Namentlich fiel die Mit-
wirkung der Teufel bei des Judas Tode in's Burleske.*)

Ungeachtet aller Veränderungen leuchtet bis 1740 der ur-
sprüngliche Text von 1662 noch immer durch. Im Laufe der
Zeit wurden in der Aufführung plastische Darstellungen einzelner
Scenen eingelegt, welche den Uebergang zu den jetzt vollständig

---

*) Im vorigen Jahrhunderte schmausten bei dieser Scene hervorspringende
Teufelchen des erhenkten Judas auf die Erde fallende Eingeweide. In
des fruchtbaren protestantischen Dichters geistlicher Oper: Christian
Dedekind (Concordin, den seine Freunde nicht unpaſſend Christi Dudel-
kind nannten) sterbenden Jesus aus dem 17. Jahrhundert erhenkt
sich Judas ebenfalls auf der Bühne und Satan singt das Echo dazu.
Judas zerplatzt am Stricke hängend. Satanas faßt seine Eingeweide
in einen Korb und singt eine Arie dazu. Dedekind veroperte alle Stoffe,

ausgebildeten lebenden Bildern oder Vorbildern aus dem alten
Testamente vermittelten.

In den Jahren 1740—50 verfaßte der Benedictiner Pater,
Ferdinand Rosner aus Ettal, einen ganz neuen gereimten Text,
welcher fortan den Aufführungen zum Grunde gelegt ward.*)
Derselbe befindet sich nicht nur in 343 Folioseiten in der Bibliothek des Münchner Dom-Kapitels, sondern auch in Ober-
Ammergau. Der zu seiner Zeit auch als Komiker berühmt gewesene Verfasser hat sein Stück in sechs Betrachtungen mit 18
Tableaux gebracht. Anstatt eines Argumentators erscheint beim
Beginne der Schutzgeist der Schaubühne mit sechs andern Schutzgeistern, welche die Passionswerkzeuge in den Händen tragen. In
jedem Acte gehen die dramatischen Vorstellungen der Leidensgeschichte, in welcher auch viele allegorische Personen verflochten
sind (zum Beispiel Sünde, Neid, Geiz, Verzweiflung, Un-
dankbarkeit u. s. w.) den plastischen Darstellungen der Vorbilder
aus dem alten Testamente voraus, die der Schutzgeist mit
den Seinigen (auch damals schon „Chor" genannt) mit Gesang
einleitet und erklärt. Der Leidens- folgt auch die Auferstehungs-
Geschichte bis zu den Scenen, worin der Heiland den Unglauben des Thomas überwindet. In der Schlußscene erscheint ein

***

die ein geistliches Drama abgeben konnten. Als Probe einer Arie
diene der musikalische Zornausbruch Satans bei Verkündigung der
drei Könige:

> Donner und Hagel, Hammer und Nagel,
> Schneidendes Eisen,
> Stechende Spitzen, Messer zum Schlitzen
> Will ich dir weisen.

*) Rosner war 1709 zu Wien von angesehenen Eltern geboren, im
adelichen Erziehungs-Institute zu Ettal erzogen und 1725 in den
Orden getreten. 1734 ward er Priester und war 8 Jahre Lehrer in
Ettal, auch Bibliothekar und Archivar. Nachdem er eine Zeit lang
Professor am Gymnasium zu Freising gewesen, ging er nach Ettal
zurück, wo er 1778 in seiner Klosterzelle starb.

schöner Altar. Auf demselben liegt das Buch mit den sieben Siegeln. Auf dem Buche steht das schöne lebendige Osterlamm mit einem Strahlenkranze ums Haupt und dem Osterfähnlein. Vor dem Altar liegen der Tod, die Sünde und der Teufel in Fesseln am Boden und die 24 Aeltesten auf ihren Angesichtern. Die Genien halten die vergoldeten Leidenswerkzeuge empor. —

Von den plastischen Darstellungen des Rosnerischen Textes sind mehrere nicht in das gegenwärtige Ober=Ammergauer Passionsspiel übergegangen. Vom Jahre 1770 an sind für dieses Spiel gedruckte Textbücher vorhanden, welche nur den Gang der Handlung und die plastisch dargestellten Bilder (Figuren genannt) bezeichnen.

Nach dem Textbuche 1770 beginnt das Stück mit dem Auftreten des genius passionis, welcher die Zuschauer über den Inhalt verständigt und sie zur Aufmerksamkeit vermahnt. Von den 7 Scenen des nun folgenden ersten Actes zeigt die erste die höllische Reichs=Versammlung, worin Lucifer mit Sünde und Tod berathschlagt, wie Christus, der Zerstörer ihres Reiches, möge verdorben werden. Neid und Geiz werden abgesendet, durch jenen die Priesterschaft und durch diesen Judam gegen Christum aufzuhetzen. Dann verläuft die Passion in XI Acten, deren neunter mit Christi Höllenfahrt schließt, der zehnte die Auferstehung mit den Erscheinungen Christi vor den heiligen Frauen und Aposteln darstellt. Im elften wird die Bestechung der Grabeswächter versucht. Christus zeigt sich auf dem Wege nach Emmaus und kommt durch die verschlossenen Thüren, um Thomas von seinem Unglauben zu heilen, den Jüngern den heiligen Geist zu geben und sie zur Predigt des Evangeliums in alle Welt auszusenden. Zuletzt giebt der Epilog den Schluß an und es wird zu Ehren des Lammes vom Chor und Genius ein musikalischer „Plausus" angestimmt. Die zwischen die Acte eingelegten 21 lebenden Bilder entsprechen bis auf einige wenige den noch jetzt üblichen.

Die Textbücher von 1780 und 1790 unterscheiden sich von

dem des Jahres 1770 nur durch Weglassung des XI. Actes, durch bündigere Angabe des Inhaltes und Beifügung des ganzen Textes zu den musikalischen Auftritten. —

Den Beschluß der Passions=Vorstellungen in der hergebrachten mittelalterlichen Form machten die Aufführungen im Jahre 1800 und 1801. Darin wurden noch die gereimten Verse gesprochen. Auch hier erscheinen Hoffart, Geiz und Neid personlificirt und Lucifer haranguirt von seinem Höllenwagen die untergeordneten Geister. Im Jahre 1850 lebte der Darsteller dieses Lucifer vom Jahre 1800 noch als schwacher aber heiterer Greis, und gab manchmal den Gesellschaften um ihn her seinen damaligen Höllengesang zum Besten.

Das bei Deutinger S. 34 abgedruckte Spielbuch von 1801 enthält den nämlichen Gang der Handlung und liefert dieselben Musik=Texte wie die Textbücher von 1780 und 1790. Der Text aber war vom Pater Magnus aus dem Kloster Ettal redigirt worden. Mit seinem Geschlechtsnamen Kipfelberger geheißen, war derselbe 1747 zu Reutti in Tyrol geboren, hatte 1765 in Ettal Profeß gethan und war daselbst später Professor humaniorum. Nach Aufhebung des Klosters ward er in der Gegend von Kaufbeuern als Hilfspriester verwendet, zog sich nach Schongau in den Ruhestand zurück und starb 1825. Der von ihm verbesserte Text des Passionsspieles war der einzige, welcher vom churfürstlichen Bücher=Censur=Collegium in München approbirt war. Seinen Vorzügen vor andern ähnlichen Stücken hatten vornämlich die Ober=Ammergauer das bereits erwähnte Privilegium zu danken, welches sie in den Stand setzte, das Gelübde ihrer Voreltern zu erfüllen. Nachdem sie sich 1811 glücklich die allerhöchste Anerkennung der Sicherung dieses Privilegii durch ihre Beharrlichkeit erwirkt, vereinigten sich auch zwei einander schon vorlängst befreundete Männer, der Aufführung den möglichsten Grad der Vollendung zu sichern. Diese beiden Ehrenmänner waren der Pater Ottomar Weiß, welcher damals noch seine frühere Klosterzelle zu Ettal bewohnte, und der Schullehrer

Rochus Debler zu Ober=Ammergau. Sie verdienen, daß ich ihrem Andenken einige Worte widme.

Weiß war 1769 in dem damals dem Ettal'schen Kloster= gerichte zu Ammergau untergebenen Dorfe Bayersoyen von armen Landleuten geboren. Er ward Georg getauft und schon im Kna= benalter als Ministrant unter die Dienerschaft des Klosters Ettal aufgenommen. Nachdem er im Kloster den Vorbereitungsunter= richt genossen, machte er in München mit Erfolge die Mittel= schulen durch und that dann in seinem geliebten Ettal Profeß, wobei ihm der Ordensname Ottmar zu Theil ward. Nachdem er in Ingolstadt die höhern Wissenschaften studirt, ward er 1795 zum Priester geweihet und widmete sich seitdem sein ganzes übriges Leben hindurch mit Eifer und Erfolg der Ausübung des Lehr= amtes und der Seelsorge. Zuerst ward er als Pfarrvicar nach Eschenloh gesandt, wo er seine geistlichen Pflegbefohlenen durch Bande heiliger Liebe an sich zu fesseln verstand. Nach Aufhebung des Klosters Ettal mußte er diese Stelle 1803 verlassen. Er zog sich als Pensionist in die ihm verbliebene Zelle in Ettal zurück, von wo aus er seit 1804 die Schule im nahen Dorfe Oberau übernahm. Die Wochentage brachte er hier zu und an den Sonntagen und Festvorabenden kehrte er in seine Zelle zu= rück. Sonn= und Festtage gehörten seinem Ettal an. In den Prüfungen machten sich seine Schulkinder durch Staunen erregende Leistungen bemerkbar. Weiß nahm selbst noch als Vierziger Singunterricht, um seine Schulkinder zu Chorsängern bilden zu können. Nachdem er drei Jahre die Schule in Oberau gehalten, verlegte er dieselbe in seine Zelle, um auch Knaben aus andern Orten die Theilnahme an seinem Unterrichte möglich zu machen. Daneben hielt er alle Festtags= und fast alle Fastenpredigten in Ettal. Bei allen Einkehren fremder Krieger nützte er durch seinen unerschrockenen Muth, namentlich auch durch seine Kennt= nisse in der französischen Sprache. Als 1810 die Klosterge= bäude und der Meierhof von Ettal in Privatbesitz übergegangen waren, ward dem unermüdeten Pater Weiß die Verwaltung der

Dekonomie und Brauerei übertragen. Er gewann neben diesen
musterhaft geführten Beschäftigungen noch die Muße, das Passionsspiel der Ober-Ammergauer in einer den Bedürfnissen des
neuern Geschmackes zusagenden Art zu bearbeiten. Im Jahre
1812 ward ihm die Pfarre Jesewang übertragen, und in der
Folge auch das Schul-Inspectorat des ganzen Bezirkes. So
eifrig war er in seinem neuen Berufe, daß er troß seiner Sehnsucht nach Ettal nur zweimal noch in seinem Leben dahin kam,
aber nicht als Lustreisender, sondern als Prediger des göttlichen
Wortes in den Jahren 1821 und 22. Nachdem er schon das
Schul-Inspektorat niedergelegt, wollte er sich auch aus seinem
Pfarramte zurückziehen, als am 26. Januar 1843 ein Schlag-
fluß seinem Leben unerwartet ein Ende machte. —

Rochus Debler war der Sohn eines Bierwirthes und
1779 in Ober-Ammergau geboren. Unter die Singknaben von
Rothenbuch aufgenommen, widmete er sich in diesem Kloster
eifrig dem Lernen. Sodann besuchte er das Seminar in München. Ein geübter und fester Sänger, zeichnete er sich durch un-
gewöhnliche musikalische Talente aus. Durch seinen trefflichen
Baß erlangte er, namentlich auch bei den Passions-Schauspielen
in Ober-Ammergau, den Beifall ausgezeichneter Kenner. Er
componirte schon in seinem 20sten Jahre als Lyceist in München
und setzte später Messen, Litaneyen und Singspiele in Musik. 1802
ward er Lehrer, Chorregent und Organist in Ober-Ammergau,
wo er bei freier Wohnung und Benutzung einiger Dienstgründe
den damals ansehnlichen baaren Gehalt von 400 Gulden bezog.
Lungenleiden endeten 1822 sein fleißiges und liebenswürdiges
Leben. — Weiß und Debler vereinigten sich, das Passionsspiel
von Ober-Ammergau zu veredeln. Weiß hielt bei Umarbeitung
des Textes die Aufgabe fest, mit Hinweglassung aller im Laufe
der Zeit angesammelten poetischen, namentlich der allegorischen
Zuthaten, die Darstellung der Leidensgeschichte lediglich auf die
heiligen Evangelien zu gründen, auch jeder einzelnen Handlung
die darauf bezüglichen Vorbilder aus dem alten Bunde in pla-

ſtiſchen Vorſtellungen vorauf gehen zu laſſen, den Zuſammenhang
zwiſchen Vorbild und Erfüllung aber durch das geſprochene oder
geſungene Wort der Genien zu deuten und durch dieſelben bei
jedem Auftritte das Beziehungswertheſte den Zuſchauern an das
Herz zu legen. Debler ſeinerſeits gab durch die ſchönen Compo-
ſitionen, welche er zu den Geſängen und Chören lieferte, herr-
liche Zeugniſſe ſeiner tiefen Kenntniß der Muſik und eines frommen und wohlthuenden Kirchenſtyles, der mit Kunſt die heiligen
Schauer frommer Andacht und glühender Begeiſterung verbindet.
Schon 1811 ward das Paſſionsſpiel nach der neuen Bearbeitung
aufgeführt. Bei den 15 Handlungen des ganzen Spieles waren
24 Vorſtellungen oder Tableaur, aus dem alten Bunde eingelegt,
die der Schutzgeiſt jedesmal erklärte. Die Annagelung an das
Kreuz und deſſen Erhöhung geſchah vor den Augen des Volkes.
Zum Schluſſe wurden die 4 Frauen durch den Engel von Jeſu
Auferſtehung in Kenntniß geſetzt, indeß der hohe Rath dieſelbe
zu verfälſchen ſuchte. Darauf folgte der Triumphgeſang des Chores
wegen Jeſu Sieges über Sünde, Tod und Hölle. Aber auch
dieſer Text genügte noch nicht. Weiß bemerkte, daß der Anfang
der Handlung (Chriſtus kündigt auf dem Wege nach Jeruſalem
ſein bevorſtehendes Leiden an) zu wenig feſſele, ſo wie auch die
Dichtung Manches zu wünſchen übrig ließ. Daher arbeitete er
den ganzen Text um und ſtellte nach der Anrede des Haupt-
ſchutzgeiſtes den impoſanten Einzug Chriſti in Jeruſalem an die
Spitze der vier Handlungen. Bis 1815 gab Weiß ſeinem Werke
dieſe vollkommenere Geſtalt, in welcher daſſelbe mit wenigen Ver-
änderungen*) noch im Jahre 1850 die Zuſchauer erfreute. Auch
Debler blieb mit ſeinen Verbeſſerungen hinter Weiß nicht zu-

---

*) Dieſelben beſchränkten ſich darauf, manche veraltete, zu derbe oder zu
weichliche Ausdrücke durch beſſere zu erſetzen und manche zu weit
ausgeſponnene Rede abzukürzen. Der Text der Geſänge blieb ganz der
alte.

rück und brachte seine Composition zu derjenigen Vollendung,
worin sie noch heute ihre edlen Erfolge wirkt.*)

Bei aller Anerkennung, auf welche Ottmar Weiß wegen
seiner löblichen Bemühungen um den Text des Ober=Ammer=
gauer Passionsspieles gerechtesten Anspruch hat, dürfen wir auch
vor einigen Mißständen die Augen nicht verschließen, zu welchen
der herrschende Geist der Zeit den ehrwürdigen Weiß, der doch auch
mehr oder weniger ein Kind derselben blieb, verleitete.

Die Teufels=Scenen glaubte er der, in ihrer Aufklärung
timiden, Frömmigkeit der Zuschauer ersparen zu müssen, um in
der Beseitigung des Fürsten der Hölle hinter der neuern Zeit
nicht zurückbleiben zu dürfen. Diese Entfernung des höllischen
Spektakels ward schon durch das ängstlich durchgeführte Bestreben
des Bearbeiters bedingt, sich streng an die Worte der Evangelien
zu halten, welche in der Passionsgeschichte den Teufel nicht auf=
treten lassen. Einen fernern Tribut brachte der wackere Weiß
dem Kinde der Aufklärung, dem allgemein verbreiteten Natür=
lichkeitsgeschmacke, welcher der gebundenen Rede feind war
und einem alten Schauspieler, der in Iffländischen und Kotze=
bue'schen Stücken excellirte und den ich in meiner Kindheit noch
auf der Bühne gesehen habe, bei der Nachricht von Schillers
Tode ein freudenvolles „Gottlob! daß nun die verfluchten Jam=
ben ein Ende haben!" in den Mund gab. Die Verse mußten
weichen und sich in eine theilweis wässerige Prosa auflösen lassen.
Eben so forderte der Zeitgeschmack, daß die Vorgänge, welche
früher als Ergebniß göttlicher Vorherbestimmung aufgefaßt ge=
wesen waren, natürlich entwickelt, daß die Handlung mehr durch
die Charaktere und Leidenschaften der handelnden Personen mo=
tivirt wurden. Das gab nun zwar in Bezug auf den Judas
eine dramatischere Rolle, aber keine der heil. Schrift entsprechende
Darstellung, eine Folge der Loskettung dieses Charakters von

---

*) Es wurde auch noch 1850 Dedler's umgeänderte Musik, mit Ausnahme
einiger Weglassungen bei der Vorstellung des Job aufgeführt.

den Höllenbanden, in welcher ihn noch das alte Spiel zeigte. Der Chor ward zwar beibehalten, aber die Worte, welche er zu sprechen oder zu singen hatte, wurden verändert und besser passende Strophen eingerichtet. Den jetzigen Prolog soll der Dompropst Allioli, der bekannte Bibelübersetzer, gedichtet haben. Der Chor behielt die ihm auch schon im Griechischen Drama zugetheilt gewesene Rolle des Herolds der Handlung. Sein Amt ist, dieselbe zu erläutern, so wie des Zuschauers Reflexion und Empfindungen darüber zu leiten. Namentlich aber erfüllt er nun die Bestimmung, die aus der ehemaligen Kreuzschule entlehnten, in lebende Bilder verwandelten und in die Handlung eingeflochtenen Darstellungen und vorbildlichen Beziehungen aus dem alten Testamente zu deuten. Der Vorbericht zu den Textbüchern von 1850 und 1860 äußert sich über diese Einrichtung in gleicher Weise also: „Bei dieser neuern Anordnung wurde ein vorzügliches Augen-„merk darauf gerichtet, die Leidensgeschichte Jesu nicht getrennt „für sich, sondern in ihrer Verbindung mit den prophetischen „Vorbildern des alten Testamentes darzustellen. Dadurch wurde „die heilige Handlung in ein vielseitiges Licht gestellt und dem „sinnigen Beschauer Gelegenheit gegeben, sich die große Wahrheit „zu vergegenwärtigen, daß die ganze heilige Geschichte nur Ein „Ziel habe — Jesum Christum. Wie nämlich das Leben Christi „in dem wahren Christen sich theilweis wiederholt, so hat es „sich auch in den wahren Gläubigen des alten Bundes und den „Begebnissen der heiligen Geschichte abgeprägt, und wie Chri-„stus in den Heiligen des neuen Bundes seine lebendigen Nach-„bilder hat, so hatte er auch in den Altvätern und in der Ge-„schichte derselben seine lebendigen Vorbilder; denn er ist die „Geistersonne, die vorwärts und rückwärts ihre Strahlen sendet „und Alles, was wahrhaft lebt, lebt durch Ihn und spiegelt sich „in seinem Lichte. Alles, was vor Ihm geschah, sollte auf Ihn „vorbereiten und so mußte es kommen, daß die heilige Geschichte „immer und überall auf Ihn hindeutet und solche Begebenheiten „enthält, die mit den Ereignissen seines Lebens und Leidens die

„größte Aehnlichkeit haben. So mußten die Helden der hei-
„ligen Geschichte: der büßende Adam, der gehorsame Abraham;
„Isaak, Joseph, Hiob, David, Michäus, Jonas, Daniel und so
„viele Andere, die da litten und stritten in seinem Geiste, schon
„theilweis, wenn auch unvollkommen, sein Leben vorstellen und
„durch das, was sie wirkten und litten, zu Propheten dessen
„werden, was an Ihm, dem Urbilde, einst vorgehen sollte. In
„diesem Gedanken, welcher der ganzen heiligen Geschichte zum
„Grunde liegt, ist die Passions-Vorstellung angeordnet und aus-
„geführt worden. Dieser Gedanke muß dem nachdenkenden Be-
„schauer zur leitenden Richtschnur dienen, um die einzelnen Vor-
„stellungen in ihrer Beziehung auf das Ganze richtig erfassen
„und fruchtbar erwägen zu können, denn das ist das Ziel, wel-
„ches mit der Passions-Vorstellung eigentlich erreicht werden soll.
„Mögen darum Alle, die da kommen, zu sehen, wie der gött-
„liche Mann der Schmerzen seinen Weg antrat, um für die
„sündige Menschheit zu büßen, wohl erwägen, daß es nicht hin-
„reiche, das göttliche Urbild zu beschauen und zu bewundern,
„daß wir vielmehr das göttliche Schauspiel zum Anlasse neh-
„men, uns zu seinen Nachbildern umzugestalten, wie einst die
„Frommen des alten Bundes seine wohlgetroffenen Vorbilder
„waren. Möge die sinnbildliche Vorstellung seiner erhabenen
„Tugenden uns zu dem heiligen Entschlusse entflammen, in De-
„muth, Geduld, Sanftmuth und Liebe Ihm nachzufolgen. Dann,
„wenn das, was wir bildlich gesehen, in uns Leben und Wahr-
„heit geworden ist, hat das Gelübde unserer frommen Väter
„seine schönste Erfüllung erhalten, und dann wird auch jener
„Segen für uns nicht ausbleiben, mit dem Gott einst den Glau-
„ben und die Zuversicht unserer Väter belohnt hat."

In diesen Worten spricht sich am Eigenthümlichsten der
Sinn aus, in welchem das von den Vätern überkommene Passionsspiel von den heutigen Ober-Ammergauern aufgefaßt wird.
An der Allgemeinheit dieser Auffassung machen mich die bereits
oben berührten, von verdrießlichen Krittlern bekundeten Wahr-

nehmungen von angeblicher Gleichgiltigkeit und profanem Benehmen einiger Zuschauer nicht wankend. Einige räudige Schaafe hat jede Heerde in ihrer Mitte, deßhalb aber die ganze Heerde für krank auszuschreien, ist unbillig. —

Wenn die Passionsspiele aus den Jahren 1830, 1840 und 1850 sich troß der Umarbeitung und Modernisirung des Textes einer weit größern Theilnahme erfreut haben, als ihre Darstellungen in vielen der voraufgegangenen Jahrzehnte, so zeigt sich die auch öffentlich geäußerte Besorgniß, die Passionsspiele würden, von der neuen Kultur überrascht, sich nicht halten lassen und unstatthaft werden, als unbegründet. Eben so wenig erweist sich hiernach die Behauptung richtig, das treue Festhalten an den Traditionen der Darstellungsweise habe dem Spiele seinen besten Werth bewahrt, während der überhand nehmende gebildete Geschmack geschmacklose Ueberlieferungen nicht mehr achte. Bei diesem Bedenken ist völlig übersehen, einmal, daß das Passionsspiel nie den Zweck hatte und haben wird, sich nur von dem sogenannten guten Geschmacke etwa in der Person eines Professors der Aesthetik, ein günstiges Zeugniß zu erwerben, sodann aber, daß der Geschmack der Bayer'schen Oberländer wohl stets ein von demjenigen sehr abweichender sein wird, den die kritischen Tribunale zum Herrscher machen wollen. Ein Zeichen richtigen Taktes ist es, daß Se. jetzt regierende bayerische Majestät, der König Mar II. der ihm gewiß nahe genug gelegten Versuchung widerstanden, durch irgend einen Hofpoeten für die Aufführung des Jahres 1860 den Text umarbeiten zu lassen. Weit naturgemäßer ist es gewesen, daß die nöthig befundene Revision des Passionstextes dem Herrn Ortspfarrer übertragen worden, welcher die Leistungsfähigkeit der Darstellenden und welche Art des Textes denselben am Besten entspricht, besser beurtheilen kann, als ein Hofdichter, welcher einer andern Nation und Religion angehört und sich in eine Erscheinung der Art wie eine religiöse Bauerntragödie nicht zu finden wissen dürfte, weil seine poetische Begabung über den Horizont der guten Ober-Ammergauer hinaus geht. Es gereicht der Arbeit der Revision, der sich der Herr Pfarrer Daisenberger unterzogen, gewiß nicht zur Unehre, wenn ich seine bescheidene Aeußerung über dieselbe anführe: „Ich fürchte, daß Manches, was ich zu bessern glaubte, durch meine Umarbeitung nicht besser geworden und daß es mir etwa ergangen sei, wie manchem Baumeister, der einen alten Bau umzuformen unternimmt und nicht das rechte Geschick dazu hat. Ich fühle, daß es ein meine schwachen Kräfte übersteigendes Wagniß war, das heilige Drama, dieses Vermächtniß altdeutscher Frömmigkeit, zu behandeln, da mir sowohl das tiefere Verständniß der dramatischen Kunst abgeht als auch die Art meiner Erziehung, die in die Aufklärungs-Periode fiel, nicht dazu angethan war, jenen tief innig frommen Sinn der deutschen Altvordern in mir zu pflegen, der allerdings in meinem Vaterhause in mich gelegt war. Doch — ich habe mich nicht hinzugedrängt. Ich übernahm die Arbeit weil sie höhern Orts angeordnet war und sich kein Anderer dazu fand, mit dem besten Willen, in Liebe zu meinem göttlichen Erlöser und im Hinblicke auf ein Ziel: die Erbauung des christlichen Volkes.“ Niemand war würdiger, das Werk des verewigten Weiß zu emendiren als dessen langjähriger Schüler und Zögling Daisenberger, der zu einem solchen Werke auch die schonende Pietät gegen den Vorgänger mitbringt, die nicht aus den Augen gesetzt werden darf. Es kann immer nur annäherungsweise der von Zeitalter zu Zeitalter wechselnde Geschmack auf den Text und die Darstellung der Passionsspiele eine Einwirkung äußern, wie es denn von jeher geschehen ist und geschehen mußte. Daß früher die Geschmack-Perioden länger dauerten und die verschiedenen Darstellungsweisen in Ober-Ammergau sich ehemals länger erhalten haben, als in unsern schnellfüßigen Zeiten, kann nicht befremden, am wenigsten aber aus den Rückschlägen des herrschenden Geschmackes und den Kulturwechseln dem auf andern Wurzeln gewachsenen Passionsspiele sein Ende geweissagt werden. Wenn nach den durchgreifenden Veränderungen, welche das Passions-

spiel im laufenden Jahrhundert bestanden und welche der Tradition in einem früher nie dagewesenen und unerhörten Maaße
entgegen traten, dasselbe sich nicht allein erhalten, sondern selbst
gehoben hat, so können wir jene Weissagung seines Endes ruhig
vernehmen, ohne durch dieselbe erschreckt zu werden.

VI.

Der Vortag und Schauplatz des Spieles.

Ueber das Historische und Literarische der Sache vorläufig nach meiner Ankunft in Ober=Ammergau unterrichtet, trat ich mit dem, als Lohndiener angenommenen ersten der Grabeswächter, sobald der Regen nachgelassen, eine Wanderung ins Freie an, um die Bühne in Augenschein zu nehmen. Um uns her fluthete eine zahllose Menge Fremder in das Dorf hinein und aus demselben hinaus, von gleicher Schaulust, wie ich, getrieben. In einem von ziemlich weit auseinanderstehenden Pappeln begränzten Rechtecke ist die Bühne von Brettern aufgeschlagen. Dieß Theater hat ein einfacher Zimmermann aufgeführt. Von Außen nimmt sich dasselbe aus als ein colossaler Bretterverschlag, wie man dergleichen auf Messen und Jahrmärkten, für Kunstreiter hergerichtet, zu sehen pflegt. An den Nebenseiten und der Rückseite hat dieser weite Verschlag Eingänge, von denen die der Bühne nächsten auf ebener Erde sich befinden, die weiter nach dem Hintergrunde des Zuschauerraumes führenden aber, je weiter zurück, desto höher sind. Am höchsten liegt der auf der Rückseite zu einer bedeckten Loge führende Eingang. Jede dieser Thüren geht in einen abgesonderten Zuschauerraum auf, deren jeder einen besondern Rang einnimmt. Der dem Theater zunächst befindliche bildet den ersten Platz. Jede weiter zurückliegende Abtheilung stellt einen geringern Platz dar. Die Sitzreihen steigen gelinde gegen die Loge hinan, so daß unter derselben, welche den vornehmsten Platz abgiebt, der letzte Platz sich befindet. Die Loge ist der einzige gegen Wind, Regen und Sonne geschützte Zu-

schauerraum. Für jeden Platz wird ein besonders dafür be-
stimmtes Eintrittsgeld entrichtet. In diesem Jahr betrug dasselbe auf dem ersten 1 Gulden 12 Kreuzer, in der Loge aber
1 Gulden 48 Kreuzer. Der letzte Platz kostete 12 Kreuzer. Der
Ertrag ist theilweis zu öffentlichen Zwecken bestimmt. Etwa zwei
Fünftheile der Einnahme fließen in die Hände der Spieler zur
Entschädigung für Mühe und Zeitverlust. — Im Jahre 1850
hat laut der Angabe des Pfarrers Daisenberger der Gesammt-
betrag der Einnahmen sich auf 24,000 Gulden belaufen. Dieselben waren gegen 1840 um 8000 Gulden gestiegen. Davon
wurden 10,000 Gulden an die beim Spiele Mitwirkenden vertheilt. Auf die Haupt-Darsteller trafen angeblich 80 Gulden,
was mich wenig bedünkte. Die in die II. Klasse rangirten Personen erhielten jede 50 Gulden, die der III. 40, in der IV. 30,
in der V. 22, in der VI. 15 Gulden. Statisten und Kinder
wurden gleichfalls nach Verhältniß mit 9 oder 6 Gulden bedacht. Der Ortspfarrer verzichtete auf seinen Antheil zu Gunsten der Armenkasse. 3350 Gulden wurden zur Abtragung von
Zehrtgefällen, 550 Gulden zum Schulfond, 1000 Gulden für
den Armenfond bestimmt, 500 Gulden zur Eindämmung eines
Bergwassers, 600 Gulden zur Anschaffung von Kirchen-Uten-
silien, 200 Gulden zur Schul-Reparatur, 300 Gulden zum
Zeichnungsfond. Die Verwendungen zu gemeinnützigen Zwecken
beliefen sich zusammen auf 6500 Gulden. Die Kosten für Her-
stellung des Theaters, der Garderobe, Malerei, Musik ꝛc. betrugen 7500 Gulden. Ich kann nicht angemessen finden, wenn in
einem Artikel der Augsburger Zeitung von 1850 der Fortbe-
stand des Passionsspieles mit auf die Geneigtheit der Einwohner
gegründet wird, „die heilige Silber-Quelle nicht versiegen zu
lassen." Wenn auch vielleicht Einzelne sich eigennützig gezeigt
haben sollten, was übrigens nach dem Berichte des Pfarrers
Daisenberger billig zu bezweifeln, so ist doch, ich glaube es ent-
schieden behaupten zu können, der Gemeinde selbst und der Mehrzahl ihrer Mitglieder jenes Motiv wohl nicht unterzulegen.

6*

Vor der ersten Sitzreihe und in gleicher Höhe mit derselben
ist das Orchester, das gleichfalls nur mit Einheimischen besetzt
wird. Die Breite des Spectatorii, welche der des Bühnenraum-
mes gleicht, beträgt wohl über 80 Fuß. Das Proscenium ist
durch keinen Vorhang vom Zuschauerraum getrennt, hat eine
Tiefe von etwa 20 Fuß und wird hinten von dem in der Mitte
aufgestellten kleinern 35 Fuß breiten eigentlichen Theater abge-
schlossen. Dieses ist bedeckt und hat einen Vorhang, auf welchen
gleichfalls eine Straße gemalt ist. Ist derselbe herabgelassen,
so stellt der ganze Hintergrund die Stadt Jerusalem dar. Ueber
den Vorhang erhebt sich ein hohes Frontispiz. Auf demselben
hatte Pflunger, der Darsteller des Christus, Glaube, Liebe und
Hoffnung gemalt. Rechts und links von dieser Bühne bis an
die Seitenwände des Theaters sieht man durch offene Thorbogen
in zwei Straßen Jerusalems tief hinein, welche oben den freien
Himmel zum Dache haben. Den Zwischenraum zwischen der
kleinen Bühne und beiden Straßen füllt auf jeder Seite ein
schmales Gebäude, mit aus den Straßen hervortretenden Giebel-
seiten. Jedes dieser Häuser hat im obern Stockwerke einen Balcon.
Das dem auf die Bühne blickenden Zuschauer links erscheinende
ist der Pallast des Pilatus und das rechts sich zeigende die
Wohnung des hohen Priesters Annas. Der mittlere bedeckte
Raum dient zu der hinter dem Vorhange erfolgenden Aufstellung
der lebenden Bilder, so wie zur Darstellung der Scenen, welche
im Innern eines Gebäudes spielen, z. B. der Auftritte im Tempel, des Abendmahles u. s. w. Doch ist er auch für einige
Scenen im Freien bestimmt, z. B. den Abend am Oelberge, den
Einzug in Jerusalem, die Erhängung des Judas am Baume,
die Ausführung zur Kreuzigung u. s. w. In allen diesen Fällen
ist der Raum immer dem Auftritte angemessen decorirt. Ehe
sich der Vorhang zur Darstellung der mimischen Bilder oder der
auf dieser Mittelbühne vorgehenden Handlungen erhebt, tritt der
Chor zur Hälfte von der rechten und zur andern Hälfte von
der linken Seite her auf den Vorderraum der Bühne (Prosce-

nium) und bereitet durch seinen Gesang den Zuschauer auf das zu zeigende Vorbild vor. Sobald der Vorhang sich erhebt, tritt der Chor, welcher einen nach vorn offenen Halbkreis bildet, vor demselben in zwei Hälften zurück und seine Mitglieder stellen sich so, daß sie mit halbem Gesichte gegen die Zuschauer, mit der andern Hälfte gegen die Scene gerichtet stehen. Hiebei schließen sie die Mündungen der zwei Straßen neben den beiden Häusern zur Seite der Mittelbühne, welche während des ganzen Spieles unverändert bleiben. In dieser Stellung singt der Chor die Er-klärung des Vorgestellten und tritt nach jeder Niederlassung des Vorhanges wie im Anfange vor demselben auf. Derselbe ist also fast immer auf dem Proscenio anwesend. Da auf dem Vorhange der Mittelbühne ebenfalls eine Straße gemalt worden, so stellt, wenn er herabgelassen ist, die Scene Jerusalem in mannichfacher Weise dar. Die Seitenwände des 20 Fuß tiefen Prosceniums sind mit architektonischen Bogen bemalt, welche für die Chor-Personen zum Ein- und Ausgange dienen. Die Bogen enden an ganz vorn aufgestellten Coulissen, die mit Säulen bemalt, von Vasen gekrönt, die Breite des Prosceniums gegen das Or-chester hin abschließen. Früher waren oberhalb Statüen von Holz angebracht. In der Mitte des Bühnenraumes finden sich mehre Vorrichtungen zu Versenkungen. Die Maschinerie ist äußerst zu-verlässig, prompt und genau. Ich habe dieselbe auf großen wirk-lichen Bühnen nicht trefflicher gefunden. Bei Tage angesehen, ergiebt die von Einheimischen gemalte Decoration der Architektur allerdings sogleich, daß die Maler keine Palläste des Vicentiners Palladio gemalt haben. Es ist fast kein Baustyl in dieser Ar-chitektur zu finden, und ich wundere mich, daß der übelwollende Recensent von Pichlers Schrift in Nr. 350 der Augsburger allgem. Zeitung von 1850 sich hieran nicht eben so sehr 'ge-stoßen hat, als an den baumwollenen Handschuhen der Schutz-geister, an den Patriarchen im Rembrand'schen Costüm und der Küchenschürze des fußwaschenden Christus. Die Malerei im Bühnenraume ist etwas grell. Hellgrün und Rosenroth sind die vorwaltenden Farben. Hier scheint mehr der Stubenmaler als der Decorationsschilderer den Pinsel geführt zu haben. Dieser vielleicht gerade charakteristischen Mängel ungeachtet hat das Ganze doch etwas Freies und Anregendes, dem die Naivität, mit welcher man sich die Originale zu den Abbildungen gedacht hat, einen eigenthümlichen eklogenartigen Reiz verleihet. Von allen Bühnen der Welt unterscheidet sich die Ober-Ammergauer einzig in ihrer Art dadurch, daß der Blick über dieses offene Theater hinausschweifen und sich in die herrlichsten Natur-Scenen versenken kann. Ueber das Theater hinweg erblickt man rechts die niedern Vorberge, ganz Wiese und Gehölz bis obenhin. Sie ragen über den Giebel der Mittelbühne hervor. Links ziehen sich die Wiesen bis an die kleinen Tannenwälder hinauf, die am Felsenschroffen des mit einem erhabenen Kreuze auf seiner Spitze geschmückten Kofels immer spärlicher werden. Die Morgensonne sendet ihre Streiflichter durch die Straßen Jerusalems. Die Lerchen klettern an ihrer tirilirenden Tonleiter in die klare Luft hinauf. Von Ferne vernimmt man das Brüllen der Kühe, deren viele man an den Abhängen weiden sieht. Denn überall erhebt sich die lachende und grüne Bergnatur gleichsam neugierig und lugt in die Bühne und den Zuschauerraum fröhlich hinein. Damit ist freilich der Uebelstand gegeben, daß Zuschauer wie Spielende, wenn erstere nicht in der Loge, letztere nicht in der Mittelbühne ihren Platz haben, allen Einflüssen der Witterung ausgesetzt sind. Schirme dürfen weder gegen Regen noch Sonne aufgespannt werden. Auch die Hüte will man nicht gern selben und so sitzt man denn gerade in der heißesten Zeit des Tages bei hellem Himmel im entsetzlichsten Sonnenbrande oder bei regnerischem Wetter allen Himmelsgüssen zugänglich. Nach der Chronik von Ober-Ammergau mußte man 1750 bei der Aufführung am Pfingstfeste „den Schnee vom Theatrum abkehren." In einer der September-Vorstellungen (1850) trieb gleichfalls ein krauses Schneegestöber sein Spiel. Ich selber bezahlte bei einem vierstündigen Sonnenscheine vorm Auge das Passionsspiel außer meinem Gulden und 12 Kreuzern mit dem Verluste der Haut vom ganzen Gesichte. Eine Dame, welche einer frühern Vorstellung beigewohnt, erzählte mir, daß sie und alle ihre Mit=zuschauer bis auf die Haut durchnäßt worden, so gut sie sich auch durch tüchtige Bedeckung gegen den Regen geschützt zu ha=ben gemeint hatten. In der heldenmüthigen Ergebung, womit Spielende wie Schauende diese Widerwärtigkeiten ertragen, spie=gelt die höhere, dem Heroismus verwandte Stimmung Beider im Gegensatze zum gewöhnlichen Schauspieler und Zuschauer sich ab. Als ich meinen Grabeswächter fragte: wie nur die Natur der Zuschauer ein so vielstündiges Sitzen ertrage? entgegnete er: „Sie werden morgen selbst sehen, daß es gehet. Die Natur stehet während des Spieles still.“ Ich mußte an die von Josua bei Jericho angehaltene Sonne denken, fand die Bemerkung aber nachmals ganz begründet. Bei alle dem wirkt die wirksame Rolle, welche der Natur bei den Passions=Vorstellungen zugetheilt bleibt, für den Verlauf des Volksschauspieles nicht störend. Denn dieses ist selber Natur, braucht sich seine künstliche Welt nicht abzu=schließen, sondern darf sich unbefangen an die freie Natur, an das helle Tageslicht wagen.

Nachdem ich mir Alles wohl angeschaut, auch den Apparat zu den vielen lebenden Bildern in Augenschein genommen hatte, kehrte ich heim zu des Herrn Verlegers gastlichem Hause. Das Einströmen der Fremden nach dem Dorfe hatte nun erst recht zugenommen. Der heranbrechende Abend brachte deren noch weit mehr, als der ganze vergangene Tag dem Dorfe zugeführt hatte. Wie und wo dieselben ein Unterkommen haben finden können, ist mir unbegreiflich geblieben. Ich trieb mich unter dem fröh=lichen Landvolke auf den Straßen umher. Es dämmerte schon, da erscholl von Ferne Trommelklang und zur Vorfeier des morgigen Spiels zog die Schützen=Gesellschaft des Ortes mit türkischer Musik klingenden Spieles das Dorf auf und ab, was mir als eine Art Zapfenstreich gedeutet ward. Eine gedrängte Volksmenge begleitete den Zug. Ich ward von derselben in das Haus, vor

dem ich eben stand, hineingeschoben, so dicht füllte der Zug die
Straße. Die Schützen=Gesellschaft war in der Menge kaum zu
erkennen und konnte sich selber nur mit Mühe bewegen. Niemand
hätte ahnen können, daß sie die Hauptsache bei diesem Zuge
vorstellen sollte. Böllerschüsse bröhnten von der Theaterwiese her=
über und der Klang der schönen Thurmglocken läutete das Fest
weit schöner ein, als jener dürftige Parademarsch. Beim Pfarrer
Daisenberger, den ich besuchte, und an sonst geeigneten Orten zog
ich noch historische und artistische Nachrichten über das Passions=
Spiel ein. Das Ergebniß dieser Erkundigungen, sowie derjenigen
Mittheilungen, welche mir später der Benefiziat zu Kreuth, ein
ehemaliger Mitschüler des Holzschnitzers Pflunger, so wie letzterer
selbst gemacht, habe ich theilweis schon oben mitgetheilt. Ich
füge davon noch Folgendes hinzu: Die Zahl der beim Spiele
überhaupt in jeder Art mitwirkenden Personen beläuft sich über
500. Dabei sind Thürsteher, Aufseher und alle Solche mit ein=
gerechnet, welche Nebendienste leisten. Bei der Einnahmevertei=
lung des Jahres 1850 wurden 464 Personen bedacht. Der
Schauplatz faßt ungefähr 7000 Personen. Bei einer frühern
Vorstellung hatten sich gegen 10,000 Schaulustige eingefunden,
von denen einige Tausend hätten leer ausgehen müssen. Die
gefällige Gemeinde entschädigte diese Gäste durch eine Wieder=
holung des Spieles am folgenden Tage.*) Auch Alles was zum
Costüm gehört, ist einheimische Arbeit. Um immer die nöthige
Anzahl darstellender Personen zu haben, werden die Kinder vom
zartesten Alter für das Passionsspiel gewissermaßen mit erzogen.
So wächst, wie Devrient sagt, das Personal völlig in's Spiel
hinein und es entsteht eine gewisse Tradition der Darstellungen
in Familien, so daß in solchen einzelne Rollen erblich werden.

---

*) Für die Aufführungen an 1860 ist in Aussicht gestellt, daß, wenn an
einem der festgesetzten Spieltage der Besuch der Zuschauer so groß sein
sollte, daß der Zuschauerraum die Besucher nicht fassen könnte, die
Passions=Vorstellung in gleicher Weise am nächsten Tage wiederholt
werden wird.

So hat z. B. der Vater des jetzigen Judas den Iskarioten bei der Aufführung im Jahre 1840 dargestellt. Dasselbe ist mit dem Petrus der Fall. Manche Darsteller wirken in der gleichen Rolle in den Passionsspielen mehrere Jahrzehnte. Das war z. B. dieses Mal mit dem Manne der Fall, welcher den Jünger Johannes darstellt und dessen Jugend bei dem hellen Tageslichte, das seine Gesichtsfurchen beleuchtete, etwas problematisch erschien. Der frühere Christusspieler hat den Heiland zwei Mal dargestellt. Der gegenwärtige (Pflunger) versicherte mir, er würde nimmer wieder diese angreifende Aufgabe übernehmen. —

Die Bildung dieser Passionsspieler wird durch eine Art Bühne im Schulhause erzielt, die neun Jahre lang der Schauplatz anderer dramatischer Spiele ist, welche die Schauspielfähigkeit der Gemeindeglieder hervortreten lassen und die nöthige Bühnengewandtheit zuwege bringen. Die Sänger und Sängerinnen werden vom Lehrer mit unermüdlichem Eifer eingeübt. Auch die handelnden Personen werden hier in Unterricht genommen und in Vortrag und Action instruirt. Diese Spielübungen, an welchen auch Kinder Theil nehmen*), bilden die Pflanzschule zur Ergänzung der in dem zehnjährigen Zwischenraume unvermeidlichen Abgänge. Eine besondere Noth wird die Einübung der Kinder in die Stellung, welche sie bei den lebenden Bildern einzunehmen haben, verursachen. Für die gute Dressur, bei welcher, wie mir der Grabeswächter versicherte, Drohungen und Lohnverheißungen die gewöhnlichen Motive und Lehrmittel sind, zeugte die Ausführung. Während bei den in unsern vornehmen Gesellschaften hin und wieder zum Vorscheine kommenden lebenden Bildern, zu denen doch über zehn Personen selten mitwirken, selbst Erwachsenen

---

*) Der Franzose Roisin sagt: On debute dans les bras de sa mère, qui fait quelque matrone de Jerusalem; avec le tems ont s'enrôle dans la garde du centurion; puis, on en vient à siéger dans le sanhédrin, parmi les princes des prêtres, et à s'élever même au rang d'apôtre.

kaum möglich fällt, die ihnen angewiesene Stellung und Miene
nur zwei Minuten unverändert zu bewahren, und so die Täusch=
ung des Naturartigen zu unterhalten, sieht man hier Bilder,
in welchen, wie beim Mannaregen in der Wüste, beim Triumph=
zuge Josephs in Egypten, Hunderte von Personen und nament=
lich eine große Menge kleiner und kleinster Kinder verwendet
sind, wohl sechs Minuten lang ausgestellt, ohne in irgend einer
Haltung oder Physiognomie eine Veränderung wahrzunehmen.
Nicht ein Augenzwinken habe ich bemerken können. Dabei sind
Stellungen nicht selten, welche einzunehmen, wie viel mehr denn
fest zu halten, schon schwierig ist.

Um die Zeit der Spieltage sind fast alle Häuser des Ortes
Theater=Garderoben. Es gibt wenige Zimmer, in denen man
nicht irgend ein Spielzubehör antrifft. Römische Waffenstücke,
orientalische Gewänder, Schacherjuden=Kleider, Kronen, Diademe,
Turbane, Halbstiefel von Hofleuten und andere dergleichen Zu=
rüstungen finden sich da in friedlichem Vertrag mit dem Ober=
Ammergauer Hausgeräthe. Oeffentlich aber erscheinen dergleichen
Gegenstände an den Spieltagen, wo man in den Straßen nament=
lich Kinder in ihren gelben Schuhen und im Spielcostüm um=
herlaufen sieht, welche in der fremden poetischen Kleidung oft
recht prosaische Geschäfte vornehmen. Sie tragen zur Wirthschaft
ein, holen Wasser aus dem Brunnen u. s. w. Wohlgefällig
schauen die Mütter den geputzten Kleinen aus ihren Fenstern
nach und prüfen, wie dieselben sich ausnehmen. Ich muß be=
stätigen, daß es ganz etwas Märchenartiges hat, diese orienta=
lische Jugend zwischen den nach deutscher Gebirgsart gebauten
Häusern sich umhertreiben zu sehen. Am Possierlichsten wirkt der
Anblick der fremden Trachten, wenn günstige Witterung, wie wir
dieselbe hatten, mitten in der Aufführung einen Abschnitt zu
machen gestattet. Dieser wird von den Darstellern zur Einnahme
des Mittagsessens benutzt. So sieht man denn das ganze Per=
sonal im Costüm (nur wenige bedienen sich dabei eines Ueber=

wurfes) in hellen Haufen nach dem Dorfe eilen.*) Diefe durch
langes Spiel rege gemachte Begierde nach Speife und Trant
darf man nicht als eine Profanation des Paffionsfpiels betrachten,
fondern als eine gefunde Naturwüchfigkeit, welche (wie es auch
in Wahrheit fich darftellt), die Sachen des Himmels hienieden
dicht an die der Erde geftellt, ja beide felbft mit einander durch-
fchlungen erblickt und fich je zu feiner Zeit jedem derfelben ungetheilt zuwendet, ohne die fentimentale Reflexion zu machen,
daß es unfchicklich erfcheinen möchte, mit dem Hinabtreten von
der Bühne wieder Ober-Ammergauifcher Naturmenfch zu fein.
Gerade der gefunde Sinn für das Heilige treibt neben dem-
felben das Irdifche zu rechter Zeit. Man follte doch auch in
Betracht bringen, daß nach vierftündigem Agiren oder gezwun-
genem Daftehen im Hundstags-Sonnenfcheine bei aller Gehoben-
heit eines Individui durch die ihm zuertheilte Rolle, der phyfi-
fche Kraftaufwand wieder eine Ergänzung erfordert, welche auf
dem Wege der Erquickung am Leichteften erfolgt. Doch muß
ich geftehen, daß ich die Darfteller des Chriftus und Judas
während der Paufe im Bühnenraume anwefend getroffen habe
und diefe vielleicht aus Rückficht.n der Schicklichkeit die Einnahme
einer förmlichen Mahlzeit im Dorfe unterlaffen haben mögen.

---

*) Auch Roifin ift dieß fehr aufgefallen; er fagt: Rien de plus original,
que le mouvement de la rue: bergers Tyroliens, elegantes de
Munich, paysans de Souabe, et, pêle-mêle, enfants d'Israel, sol-
dats Romains, cour d'Assuerus, rabins du Sanhedrin, Mexicains
du choeur échangent les bonjours et les poignées de mains avec
leurs anciennes connoissances.

VII.

Die Aufführung am 25. Juli 1850.*)

Kaum graute der Morgen des Spieltages, als die Trommel in den Straßen des Dorfes auf und ab rasselte und das neue

---

*) Die Uebersicht der Reihenfolge der einzelnen Vorstellungen nebst den Titeln derselben bei den Aufführungen v. J. 1860 ist folgende:

Prolog.

Erste Abtheilung.

Vom Einzuge Christi in Jerusalem bis zur Gefangennehmung im Olivengarten.

I. Vorstellung: Der Einzug. II. Vorstellung: Die Anschläge des hohen Rathes. III. Vorstellung: Der Abschied zu Bethania. IV. Vorstellung: Der letzte Gang nach Jerusalem. V. Vorstellung: Das heilige Abendmahl. VI. Vorstellung: Der Verräther. VII. Vorstellung: Jesus am Oelberge.

Zweite Abtheilung.

Von der Gefangennehmung im Olivengarten bis zur Verurtheilung durch Pilatus.

VIII. Vorstellung: Jesus vor Annas. IX. Vorstellung: Jesus vor Kaiphas. X. Vorstellung: Des Judas Verzweiflung. XI. Vorstellung: Christus vor Pilatus. XII. Vorstellung: Christus vor Herodes. XIII. Vorstellung: Die Geißlung und Dornenkrönung. XIV. Vorstellung: Jesus zum Kreuzestode verurtheilt.

Dritte Abtheilung.

Von der Verurtheilung durch Pilatus bis zur glorreichen Auferstehung des Herrn.

XV. Vorstellung: Der Kreuzweg. XVI. Vorstellung: Jesus auf Golgatha. XVII. Vorstellung: Die Auferstehung. Schlußvorstellung: Halleluja!

Jede Vorstellung enthält in der Regel: A. Vorbild (oder Vorbilder), B. Handlung.

Leben, das durch die Nacht unterbrochene Wogen wieder begann.
Später erfolgte Glockengeläute und diesem ein erneuerter Um=
zug der Musikbande. Um 4 Uhr begann der Gottesdienst in
der Pfarrkirche. Der katholischen Kirche damals noch nicht an=
gehörig, besuchte ich denselben nicht. Andere Besucher aber ver=
sichern, daß derselbe zahlreich abgewartet worden, indem von
fremden Geistlichen, deren an 200 anwesend waren, neben dem
feierlichen Hochamte an allen fünf Altären zugleich viele heil.
Messen gelesen wurden. Nicht immer jedoch scheint die Kirche
bei dieser Gelegenheit so stark besucht zu werden. Wenigstens
klagte mir Pfarrer Daisenberger, daß ihm das Passions=
Spielen an Sonntagen*) aus dem Grunde sehr unlieb sei, weil
an solchen der kirchliche Gottesdienst dem Schauspiele und der
Erbauung durch dasselbe nachgesetzt werde, indem Alles in der
Frühe hinaus ströme, um sich dort einen Platz zu sichern. Doch
heiligen sich immerhin Viele in der Kirche zu dem Vorhaben
des Tages. Devrient spricht von einem Gottesdienste, dem die
ganze Gemeinde beigewohnt.**) Görres hat ehemals bei diesem
Frühgottesdienste die Kirche leer gefunden und legt gleichfalls
dieser Erscheinung die Ungeduld der Schaulustigen zu Grunde,
welche sie aus der Kirche auf den Spielplatz getrieben. Thatsache
ist es, daß man im Zuschauerraume schon um 7 Uhr Morgens
fast keinen Platz mehr findet, mithin die so früh Gekommenen
wenigstens theilweis den kirchlichen Gottesdienst versäumt haben
mögen. Man soll diese den Gottesdienst hintansetzende Schau=
lust dem guten Völkchen aber nicht so sehr übel deuten. In
seinen Augen und Herzen ist die Abwartung des Passionsspieles
ebenfalls ein Gottesdienst, und ich halte mich überzeugt, daß er

---

*) Diese sind mitunter Spieltage. Ich selbst wohnte dem Spiele an
  einem Wochentage bei.
**) Ein Berichterstatter über das Spiel vom 7. September 1840 fand
  die Kirche schon um 5 Uhr in der Frühe mit Betenden angefüllt.
  Manche Fromme gingen selbst zur hl. Communion.

bei Vielen nicht minder gediegene und reiche Früchte trägt, als
der kirchliche.

Um mir eine gute Stelle zu sichern, waren einige Ober=
Ammergauer gedungen, welche bis zu meiner und der Meinigen
Ankunft diejenigen Plätze besetzt halten mußten, die wir uns
Tags zuvor an Ort und Stelle ausgesucht hatten. Die Unge=
duld trieb uns aber doch schon bald nach 7 Uhr auf den Schau=
platz, weil wir uns auch an der Zuschauerschaft weiden wollten.
Wir fanden die meisten Plätze besetzt. Die Menge der verschie=
densten Trachten und Physiognomien gab uns die bis zum Spiel=
Anfange verstreichende Stunde übergenug zu betrachten. Ab und
zu fuhren wir beim plötzlichen Knalle nahebei abgefeuerter Böl=
lerschüsse zusammen. In verschiedenen Pausen wiederholt gaben
dieselben den säumigen Spielern und Zuschauern das Zeichen,
sich im Erscheinen zu beeilen. Nach den drei letzten Schüssen
beginnt das Orchester seine musikalische Thätigkeit. Verhältniß=
mäßig war dasselbe schwach besetzt. Das stimmte jedoch nicht
übel zu der sanften Ouvertüre, die sich nun vernehmen ließ. Die=
selbe ist kein majestätisches Prachtwerk, aber in einfachen, leicht
faßlichen würdig ausgedrückten musikalischen Gedanken eine nicht
unangemessene Einleitung zu dem, was uns erwartete. Immer
lautloser ward die Menge, je näher die Ouverture ihrem Ende
kam. Spannung lag auf allen Mienen und zuletzt wagte auch
nicht der leiseste Ton laut zu werden. Uns selber ward bange
vor den Dingen, die da kommen sollten. Eine Art Schauer,
wie er sich bei geahnter Geisternähe einstellt, überlief uns. Ich
meine, einen Theil dieser Empfindung auf Rechnung der ange=
messen vorbereitenden Musik setzen zu müssen.

a) Der Prolog.

Aus den Oeffnungen der Prosceniums=Coulissen trat rechts
und links der Chor hervor, welcher mit dem Sprecher, der in
der Mitte seine Stelle hatte, aus je sieben Personen auf jeder
Seite desselben bestand. Unter diesen 15 Personen waren vier

Männer und elf Frauen und Jungfrauen, von denen zwei sich
sogleich unverkennbar durch Familien-Aehnlichkeit als Schwestern
ankündigten. Beide Chorhälften gehen von der Seite her eine
Person hinter der andern gegen die Mitte (wo sie zusammen
stoßen), nach der Größe geordnet, so daß die größere Person
immer die vordere ist. Sie stellen sich so weit von einander auf,
daß der Chor beinahe die ganze Breite der Bühne einnimmt,
deren Mittelgrund noch geschlossen ist. Gekleidet sind alle in
weiße Tuniken und Strümpfe, bunte, in Farbe mit den Gürteln
und Sandalen übereinstimmende reichbeflitterte Mäntel. Auf dem
Haupte tragen sie kronenartige Helme von Federn, welche von
der Farbe der Mäntel sind. Diese Tracht veranlaßte den Franzosen Roisin in der oben mitgetheilten Note diese Schutzgeister
Mexicains du choeur zu nennen. Alle haben große, weiße Hals-
krausen, die bei Einigen gegen das sonn-ngebräunte Gesicht seltsam abstechen. Das Costüm ist phantastisch, geschlechtlos, so
daß man Männer und Frauen nur an den Gesichtszügen und
der Stimme unterscheidet. Die Farben der oben genannten
Bekleidungs-Gegenstände sind die des Regenbogens in dessen Auf-
einanderfolge so, daß die dem Sprecher auf beiden Seiten zunächst stehenden Personen die blaue Farbe tragen und jede nächste
Person die im Regenbogen folgende Farbe. Nur der Sprecher
führt keine dieser Farben, sondern ein vom Regenbogenrothe
verschiedenes Roth. Alle tragen weiße baumwollene Handschuhe,
kreuzen, sobald sie angetreten, die Hände auf der Brust, ver-
beugen sich und beginnen mit starker und sicherer Stimme in
hohen und feierlichen Tönen den „Prolog" zu singen:

Wirf zum heiligen Staunen Dich nieder
Von Gottes Fluch gebeugtes Geschlecht;
Friede Dir! — aus Sion Gnade wieder!
Nicht ewig zürnt er —
Der Beleidigte; — ist sein Zürnen gleich gerecht.
„Ich will" — so spricht der Herr —
„Den Tod des Sünders nicht; — vergeben

„Will ich ihm; — er soll leben!
„Versöhnen wird ihn, selbst meines Sohnes Blut versöhnen."
Preis — Anbetung — Freudenthränen
Ew'ger Dir!
Doch, Heiligster! darf der Staub sich untersteh'n,
Hin in der Zukunft Heiligthum zu sehen?
Seht das Geheimniß Gottes — das Opfer dort auf Moria,
Das Opfer — der Versöhnung Bild auf Golgatha!

Man hört es den Schutzgeistern an und behält die ganze Aufführung hindurch diese Empfindung gegenwärtig, daß sie von ganzer Seele singen, daß sie den Inhalt tief empfinden und vor Allem sich selbst erbauen an diesem Gesange. Nach dem Gesange der eben mitgetheilten Worte theilt sich der Chor und tritt, wie oben beschrieben worden, zurück, so daß die Mittelbühne frei wird, deren Säulen er sich nun in schräger Linie anschließt. Der Vorhang des Mittelraumes rollt auf. Zwei lebende Bilder zugleich erscheinen. Links wird Abraham gesehen, wie er eben den Isaak opfern will. Ein von Oben herabschwebender Engel hält ihn zurück. Rechts bemerkt man Adam und Eva in fliehender Stellung, den Engel mit dem Flammenschwerte hinter ihnen. Deutlich drücken diese vortrefflichen Darstellungen aus, was sie sagen wollen, so daß es kaum der vom Chore gesungenen Erläuterung bedurft hätte. Der Vorhang fällt, um sich nach einer vom Chore gesungenen Strophe wieder zu erheben und ein neues Bild zur Schau zu bringen. Im Hintergrunde ragt ein hohes, leeres Kreuz. Vor demselben, mit dem Antlitze darnach hingerichtet, knien vier kindliche Gestalten und verehren das heilige Zeichen der Erlösung. Hingerissen von gleicher Empfindung sinkt auch der Chor auf die Kniee und schaut mitverehrend gegen das Kreuz. Sein Gesang verstummt. Diese in lautlosester Stille vor sich gehende Feier reißt auch den Zuschauer zur mächtigen Andacht empor. Hier empfindet man die wahre Andacht zum Kreuze. Noch höher aber steigt diese bei einem vierstimmigen sanften Knabengesang aus dem Hintergrunde der Bühne, aus welchem,

wie von unsichtbaren Händen getragen, die Töne hervorbringen, dessen Worte also lauten:

> Ew'ger, höre Deiner Kinder Stammeln!
> Weil ein Kind ja nichts als stammeln kann.
> Die beim großen Opfer sich versammeln,
> Beten Dich voll heil'ger Ehrfurcht an.

Indem man so die Verbannung der Ureltern aus dem Paradiese und darnach das Kreuz sieht, hat man Fall und Versöhnung, mithin das große Ganze vor sich, dessen Mittelpunkt die Passion bildet. — Der Vorhang fällt. Nachdem der Chor sich erhoben, fordert er uns auf, dem Versöhner nun auf seinem Dornenpfade zu folgen. Die Reihen der Sänger schließen sich wieder und der Chor tritt in der Ordnung, wie er gekommen, zu beiden Seiten wieder hinter die Coulissen zurück.

Die Beklommenheit über die Möglichkeit einer Profanation des Heiligen, welche wie eine Wolke sich vor meinen Blick gelagert hatte, war nun schon, bevor das Spiel selber begonnen, gänzlich gewichen. Es war nicht länger zu verkennen, daß die Aufgabe sowohl von Darstellenden als von Zuschauenden als ein Gottesdienst würdig aufgefaßt und durchaus vom christlichen Geiste getragen wurde. Wo aber dieser anwesend ist, fühlt man sich gegen Mißgriffe schon ziemlich außer Besorgniß, und die Fähigkeit, diesen Geist in anständigen und entsprechenden, wenn auch naiven Formen zu produciren, konnte nach den nur erst vernommenen Leistungen des Chores in meiner Schlußfolge auf die übrige Aufführung schon im Voraus nicht wohl bezweifelt werden.

Vom Einzuge Christi in Jerusalem bis zur Gefangennehmung am Oelberge.

b. Erste Abtheilung.

Noch ehe der Vorhang sich wieder lüftete, vernahm man schon hinter der Scene den Hosanna=Gesang. Als er aufgezogen worden, zeigte sich die bis an ihr Ende vertiefte Mittelbühne,

welche ebenfalls als Straße decorirt war. Von links her entwickelt sich aus dem Hintergrunde der Einzug in Jerusalem am
Palmsonntage. Aus den Coulissen bringen Kinder in dichten
Massen hervor, Palmzweige streuend und in den Händen haltend. Die größern sind hinter den kleinern aufgestellt. Sie singen das Einzugs=Lied. Naiv war der Gedanke, sie als Jeru-
salemische Schulkinder einzuführen, deren Meister den Zug und
Gesang leitete, wie der Schullehrer in Ober=Ammergau seine
Schule bei Processionen dirigiren mag. Der Zug schritt nach
der rechten Seite der Bühne hinüber. Den Kindern folgten
Weiber, Männer, Greise, sämmtlich in dem Costüm, welches man
auf den Bildern des XVI. Jahrhunderts siehet, also zwar nicht
nach der Hebräischen Mode zu Christi Zeit aber doch in der
einmal conventionellen und der Anschauung dadurch geläufigen
Tracht. Es entwickelt sich aus dem Hintergrunde her eine immer
größere Masse. Alle Lebensalter, alle Stände sind repräsentirt.
Die vordere Menge schauet nach demselben zurück. Nachdem der
Anfang des Zuges bereits hinter den Coulissen rechter Hand
verschwunden, erscheint endlich auf der hintern Bühne der Heiland an der Spitze seiner Jünger auf dem Füllen der lasttra-
genden Eselin. Er sitzt in der Quer nach Frauen=Art darauf.
Unter der jubelnden Menge ist er allein ernst und fast traurig,
voll Milde und Demuth. Einzig, mächtig, ergreifend war dieser
Moment. Ich glaube, es fanden sich wohl nur Wenige, denen nicht
das Auge sich feuchtete unter der Uebergewalt des Eindruckes.
Daß die leidend und lebend vor uns erscheinende Gestalt des
Gottmenschen eine so mächtige Gefühlserregung hervorzubringen
vermöchte, ungeachtet die Illusion mit der Vorstellung hart zu
kämpfen hatte, daß man ja nicht den Herrn, sondern nur den Zei-
chenlehrer Pflunger vor sich habe, war eine unerwartete Erfahrung, die ich machen mußte. „Der Mensch, sagt Professor
Deutinger, stehet hier in der ganzen Blöße und Armuth seines
natürlichen Lebens vor einem höhern Lebenskreise, eines dem
Sinne und Verstande unbegreiflichen, der Andacht und Liebe

aber nahen und begreiflichen Lebens. Wer konnte sagen, ob mehr die freudige Theilnahme an dem Jubelrufe des Palmenzweige tragenden Volkes, oder die Betrachtung der Armuth und Lieb=losigkeit des natürlichen Lebens; ob mehr Erhebung oder Zer=knirschung die Seele bewegte, oder ob beides mit Ungestüm zum Herzen drang? Genug, das Herz mußte weinend diesem Anblicke folgen und die Augen hatten sich unwillkührlich mit Thränen gefüllt." Diese Rührung war, so weit ich wahrnehmen konnte, über die ganze versammelte Menge verbreitet.

Wie er so häufig abgebildet zu schauen, saß der Heiland, angethan mit einem lilafarbenen, umgürteten Gewande und einem dunkelrothen Mantel auf dem Rücken des Reitthieres. Das auf den Wangenhöhen sanft geröthete, sonst aber blasse Gesicht mit der schmalen, geraden Nase, der edeln Stirn, dem einfach gescheitelten Haare und dem würdevollen Barte stellte sich traut und gewohnt dar, denn es schien uns bereits angeschaut zu haben aus bekannten, hoch gehaltenen Gemälden. Man fühlte sich versucht, auf Overbeck zu rathen. Rührend und edel war der Anblick und hoch feierlich der ganze Auftritt. Die eine Weile lang verschwunden gewesene Spitze des Zuges erschien nun in der dem Zuschauer rechts gelegenen Straße Jerusalems, aus welcher heraus er auf den Vorderraum trat, während das Ende noch kaum vollständig auf der Mittelbühne sich entwickelt hatte. Eine reiche, wohl erdachte, aber keineswegs studirte Mannichfal=tigkeit von Gruppen entwickelte auf diese Weise der Zug. Ich erinnere mich nicht, auf einer großen Bühne etwas Schöneres der Art gesehen zu haben. Namentlich fehlte es nicht an einem Reichthume stummer Handlung. Ein Theil der Israeliten breitet vor den Tritten der Eseln lobsingend Tücher aus. Die Mütter haben ihre Kinder an der Hand und auf den Armen und hal=ten sie dem Heilande, um seinen Segen bittend, entgegen und dergl. mehr. Alles ist heitere und festliche Freude. — Der Vor=hang fällt über den auf der Mittelbühne befindlichen Theil des Aufzuges. Das auf die Vorderbühne hinausgetretene und sich

7 *

immer vermehrende Volk sammelt sich in geordnete Gruppen,
während aus der Straße links eine Schaar von Hohenpriestern
und Schriftgelehrten heraus schreitet und diesen Theil der Bühne
füllt. Auch Christus erschien auf der unbedeckten Vorderbühne,
wo ihn heller Sonnenschein empfing, so daß ihn sofort eine
Art Verklärung umgab. Leicht und würdig stieg er ab und der
Esel war, ohne daß man darauf achtete, entfernt. — „Alle solche
Dinge, sagt Devrient, waren mit einem merkwürdig zarten Gefühle angeordnet." Ich muß ihm hierin völlig beistimmen. Nun
erst zeigte sich, wie vortrefflich die äußere Erscheinung des Darstellers allen Ansprüchen genügte, die man an das Aeußere einer
heiligen, göttlichen Persönlichkeit machen kann. Natürlich mag
die Art, wie er sich darstellte, wohl kaum einer einzigen der
Vorstellungen entsprochen haben, welche jeder einzelne Zuschauer
sich von der Menschheit des Erlösers gebildet haben mochte.
Allein ich zweifle, ob irgend Einen die gefundene Abweichung
von seinem Ideale unangenehm berührt haben wird. Ich halte
dafür, daß Viele ihr Ideal nach dieser Erscheinung corrigirt
haben dürften. Selbst ein Devrient, welcher mit Recht ein mo-
notones Etwas im Vortrage des Darstellers tadelt, findet denselben in seiner Erscheinung so vortrefflich, „daß er sich der künstlerischen Täuschung vollständig hat hingeben können." Gern
unterschreibe ich auch folgende Worte dieses tüchtigen Kritikers:
„Den wunderbarsten Eindruck macht es, den Heiland, diesen ver-
trautesten Gegenstand unserer Einbildungskraft von Kindheit an,
diese Gestalt, die schon in unzähligen Bildwerken vor uns gestanden, leibhaftig vor uns wandeln, sich bewegen, reden zu sehen;
zu hören, wie er das Volk belehrt und dieses ihn dafür segnet
und preist, und wie er den Anfechtungen der Schriftgelehrten begegnet." Um selbst nicht als ein falscher und einseitiger
Phantast zu erscheinen, setze ich noch folgende Worte Devrients
in Bezug auf den Darsteller hierher: „Nicht nur sein Aus-
sehen, auch seine Bewegungen waren wie aus mittelalterlichen
Bildern herausgewachsen. Die Haltung der Arme, der Hände,

der leichte und doch so ruhige Gang, Alles im frommsten Style und doch vollständig natürlich und ungesucht. Man sah, die Darstellung war nicht angelernt, sie war angelebt." Nachdem Christus von der Eselin hinabgeglitten, beginnt das Hosannarufen der Kinder von Neuem. Ein Priester wendet sich mit der Frage an Christum: Hörest Du, was diese da rufen? Jener aber antwortet: Wenn diese da schwiegen, würden die Steine reden. Hast Du noch nie gelesen, was geschrieben stehet: aus dem Munde der Kinder und Säuglinge hast du mir Lob bereitet u. s. w. Nachdem Christus seinen Stab zur Hand genommen, lehrt er auf dem Vorderraume. Inzwischen ist eine neue Scene vorbereitet. Die Mittelbühne erscheint nach Aufziehung des Vorhanges als die Halle des Tempels. Man erblickt die Krämer und Käufer theils an Geldtischen, theils im Handel über Tauben und Lämmer begriffen. Die Krämergeschäftigkeit der Schacherjuden war trefflich dargestellt, wobei es nicht störte, daß die Schacherer und Wechsler etwa im Costüme polnischer Juden nur an den Orientalismus erinnerten, weil in dieser Tracht uns das Bild eines Schacherers auf schon bekannte Weise entgegen tritt. Im Hintergrunde erscheint die Priesterschaft in glänzendem Gewande in der zweigehörnten Priestermütze. Der todte Prunk dieser Leute spiegelte sehr gut die Herzlosigkeit des spätern jüdischen Ceremoniendienstes ab. Dieses weltliche weihelose Treiben, diese Verwirrung bildet einen bedeutsamen Gegensatz nicht nur gegen den feierlichen, von einem Gefühle begleiteten Einzug in Jerusalem, sondern auch gegen den Heiland in seiner Sanftmuth und Armuth, welchem demüthig die Jünger mit ihren Wanderstäben und das arme Volk folgen. Dort die unruhige nichtige Herrlichkeit der Welt, hier der Friede und die Kostbarkeit der kindlichen Zufriedenheit des Himmels. Allein diese Gelassenheit kann der hoffärtigen Heuchelei gegenüber auch heilig eifern. Fest tritt Christus unter die hochmüthige Brüderschaft und richtet über die Entweihung des Gotteshauses an sie die strafenden Worte: „Ihr Heuchler, glattzüngiges Natterngezücht, ihr Eiferer, die ihr Andern Bürden auflabet, die ihr nicht mit den Fingern berührt, ihr Blinden und Führer der Blinden." Zunächst wendet er sich besonders gegen die Wechsler, deren Tische er unter den Worten: „Mein Haus ist ein Bethaus, ihr aber habt eine Mördergrube daraus gemacht," umstürzt, daß die Geldstücke am Boden umher rollen; die gierigen Wechsler lesen dieselben, auf den Knieen am Boden umher rutschend, wieder auf. Alles geräth in Unordnung und rennt durch einander. In der Verwirrung hat man der Tauben nicht Acht und diese flattern lustig in's Freie, vermuthlich geraden Weges nach ihren Schlägen in Ober-Ammergau. Die Krämer und Wechsler toben wider Christum. Die Schriftgelehrten sind aufgebracht über seine Anmaßung und solche Neuerung, das Volk aber ist auf Seiten des Heilandes, der unerschrocken sich in dem Tumulte bewegt, worin eine solche Regel und Anordnung herrscht, daß die Scene, obwohl Alles in Handlung ist und durcheinander spricht, nirgends einen wüsten Anblick darstellt, sondern Alles wunderbar dergestalt in ästhetischen Gränzen sich hält und so viel Raum für Christi Reden ist, daß er mit denselben als das herrschende Element über dieser Bewegung bleibt. Auf keinem Theater habe ich einen so wohl gelungenen Aufstand gesehen; vielmehr ist der Art Alles, was ich zu sehen bekommen, eine lächerliche Unzulänglichkeit und grobe Statisten-Ungeschicklichkeit gewesen. Hier aber war Alles Leben und verschönerte oder besser veredelte Natürlichkeit. Merkwürdig ist, wie Christus dem Scandale ein Ende macht, indem er in heiliger und gemessener Entrüstung einen der Stricke ergreift, an welche die Lämmer geknüpft werden, denselben zu einer Geißel drehet, auf die Rücken der erzürnten Krämer fallen läßt und sie so zum Tempel hinaus treibt. Bei allem diesen Gebahren blieb Christi Würde, Hoheit und Göttlichkeit unverletzt, denn es ward von einem erhabenen Zorne getragen, den ein heiliger Ernst umfloß. Das Lachen, welches aus einem Theile des Zuschauerraumes vernommen ward, war auch weniger die Kritik irgend einer Ungeschicklichkeit, als das

heitere innere Bravo! welches der gerechten Bestrafung des Un=
fuges an heillger Stätte galt. Die aus dem Tempel Vertrie=
benen entfernen sich unter dem drohenden Rufe: „Dieser Schimpf
bleibe nicht ungerochen!" während das Volk und die Kinder ihre
Huldigung Christi fortsetzen. Beide begleiten ihn, da er nun
den von ihm gesäuberten Tempel verläßt. Die Vortrefflichkeit
der Darstellung dieser Scene in Bezug auf das Auftreten und
Handeln des Volkes in Masse läßt nichts zu wünschen übrig.
Diese Bemerkung ist auf alle folgenden Auftritte zu beziehen, in
denen die Juden in Masse auftreten. Ich lasse wieder einen
Meister, wenn auch nicht in Israel, doch unter den Bühnenkun=
bigen, für mich zeugen, indem ich Devrient's Urtheil hersetze:
„Die Darstellung dieser massenhaften Volks = Scenen, so heftig
bewegt im Sprechen und Handeln, die durch die ganze Passions=
Vorstellung hindurchgehen, ist erstaunlich. Wer es weiß, welche
Mühe der erfahrenste Regisseur unserer größten Hofbühnen hat,
mit den geübtesten Kräften solche Auftritte zu Stande zu brin=
gen, die dennoch immer an gleich beseelter Energie und Präci=
sion noch hinter diesem Dorf = Schauspiele zurück bleiben, muß
vor dem künstlerischen Sinne, dem unermüdlichen Fleiße und
dieser geschlossenen Einmüthigkeit der Landleute beschämt stehen."
Nachdem Jesus den Tempel verlassen, erhebt auch die be=
leibigte Priesterschaft ihre zornige Stimme und stachelt mit dem
Fanatismus geistlichen Hochmuths den Rachegeist der wieder er=
scheinenden Krämer gegen den Heiland auf. Die Priester erklären
sein Beginnen als ein Auflehnen wider den Gott ihrer Väter
und heucheln die Hoffnung, Gott werde bei ihrem Verfahren
gegen seinen vorgeblichen Feind mit ihnen sein. Die Krämer im
Hintergrunde schreien: Rache! Rache! Rache! Die Führer dagegen
rufen: „Mit uns, mit uns, wer Mosi angehört, Moses ist unser
Prophet." Der Vorhang fällt.
Von der schon erwähnten Besorgniß einer möglichen Pro=
fanirung des Heiligen war nach diesem ersten Auftritte auch
die leiseste Spur verschwunden und ich dachte an dieselbe auch

während der ganzen Darstellung nicht wieder. Im Gegentheile
fühlte ich der heiligen Geschichte, wie dieselbe in meinem Ge=
dächtnisse lebte, erst die rechte Weihe gegeben und das durch=
bringende Verständniß zugesellt. Ja es war, als ob die Geschichte
vorher nur in schwachen Umrissen angedeutet gewesen, nun aber
in den lebendigsten Farben ausgeführt vor mich hingetreten
wäre. Aehnliches fühlte Devrient, indem er sagte: „Die Ver=
sündigung der Menschheit gegen ihr Ideal sollte mir diese Dorf=
Tragödie, das ahnte ich schon jetzt, zu einer so erschütternden
Anschauung bringen, wie keine Bilder und Worte es bis jetzt
vermocht." — Wie sehr ich hierin Devrient beistimme, so sehr
muß ich mich gegen seine aus Veranlassung des nun folgenden le=
benden Bildes ausgesprochene Auffassung und Würdigung dieser
Bilder erklären. Ihm erscheint die Wiederholung solcher Schau=
stellungen ermüdend, ja gegen das Ende hin lästig, auch die
Wahl zum Theil übel getroffen. Er will dieselbe mehr auf
volksthümliche Verständlichkeit gerichtet wissen, und findet die
Vergleichungs=Punkte oft sehr schief und unhaltbar. Durch die
Bilder, die dazu nöthige Vorbereitung und die Beanspruchung
der Theilnahme des Chores wird ihm die Leidensgeschichte, auf
der denn doch das eigentliche Interesse beruhe, zu sehr unter=
brochen und zerstückelt. Er urtheilt sogar, die Nachahmung der
Jesuiten=Spiele spuke noch zu sehr in dieser Jagd nach Parallel=
Stellen und die theologische Spitzfindigkeit der Composition stehe
in sehr fühlbarem Gegensatze zu der völlig naiven, oft kindischen
Darstellungsweise. Bei diesen Aeußerungen vergißt der bühnen=
kundige Urtheiler zu sehr den von ihm selber bezeichneten Stand=
punkt, von welchem aus die Darstellung nur als ein gottes=
dienstliches Schauspiel in Betracht kommen soll. Gerade diese
Rücksicht erheischte eine höhere Geltung des theologischen, als des
ästhetischen Interesses. Es ist aber auch nicht einmal blos von
theologischem, sondern von allgemein religiösem, besonders christ=
lichem Interesse, sich über die Beziehungen klar zu werden, in
denen der alte Bund zum neuen steht und namentlich zu fassen,

was in jenem vorbildlich auf Christum und dessen Werk deutet,
worüber schon oben das Nähere geäußert worden. Es darf des=
halb über die Anwendung von Vergleichungen, welche zum Theil
schon in der heil. Schrift selber angedeutet, oder Beziehungen,
welche wenigstens seit den ersten Jahrhunderten der christlichen
Kirche aufgefunden und allgemein anerkannt sind, die bloße Kunst=
Kritik sich nicht so vernehmen lassen, wie Devrient derselben ver=
stattet. Wenn er die Aehnlichkeit öfter zu sehr auf äußere Mo=
mente gelegt sieht und namentlich tadelt, daß das dreitägige
Verweilen des Jonas im Wallfischbauche mit dem dreitägigen
Ruhen des Leichnames Christi im Grabe verglichen worden, so
erinnert er sich nicht, oder hat nicht gewußt, daß Christus, laut
des Zeugnisses der heil. Schrift, diese Beziehung zwischen sich
und Jonas selber geltend gemacht hat. Wäre Devrient in der
Auslegung der Vorbilder des alten Testamentes besser einge=
weiht, so würde er auch nicht den Vergleich zwischen dem durch
falsche Zeugen gerichteten Naboth und dem eben so verurtheilten
Heilande verfehlt gefunden oder auch gewußt haben, daß der
Dulder Hiob seit alten Zeiten mit dem sanft duldenden Lamme
verglichen worden, unter dessen Bilde der Erlöser erscheint. Von
der Mehrzahl der im Ober=Ammergauer Passionsspiele hervor=
tretenden Vergleiche und Beziehungen kann aber doch auch De=
vrient nicht anders urtheilen, als daß dieselben treffend und
durch den Gegensatz bedeutend sind.

Der Scene, worin die hohen Priester darüber berathschlagen,
wie sie Jesum fangen und tödten könnten, geht als lebendes Bild
die Darstellung des Momentes voran, worin die Brüder Josephs,
als dieser sie zu Dothain aufgesucht, den Anschlag, ihn zu tödten,
vollführt hatten. Sie haben des Vaters Liebling in die Cisterne
hinab gestoßen. Zwei von ihnen schauen unverwandt in dieselbe
hinab, die Andern stehen in Gruppen umher. Einer hält den
Rock, den sie Joseph abgezogen hatten. Ringsum weidet Vieh.
Der Chor kündigt an, daß wie Jakob's Söhne gegen Joseph
sich verschworen, man auch von der Natternbrut der Priester und

Schriftgelehrten bald über Jesus Tod und Blut voll Tigerrache rufen hören werde. Der Gesang, welcher dieses Bild begleitet, ist mannichfaltig und sehr dramatisch. Wehklagen und Zürnen sind die abwechselnden Grundtöne. Das Letztere erhebt sich bis zu der Bitte, Gott wolle der Frevler Rotte vertilgen und seine Allmachts=Donner über sie brüllen, seiner Rechte Blitze auf sie niederfahren lassen. Zuletzt beruhigt sich die Empfindung durch Hinblick auf das Erbarmen Gottes und voll Demuth verehrt der Chor friedlich den großen Plan der göttlichen Liebe. Der Vorhang ist während des letzten Theiles dieses Gesanges gefallen und erhebt sich nach dem Abtreten des Chores, um uns das gesammte Synedrium zu zeigen. Die Schriftgelehrten und die Priester niedern Ranges haben auf mehrern Sitzreihen, welche längs der Coulissen sich nach dem Hintergrunde ziehen, Platz genommen. Der Hintergrund selbst ist von Bänken leer. Hier thronen auf erhöhten Sitzen Kaiphas, dem Zuschauer links, und Annas zur Rechten. Erster erscheint als ein langer, heftiger, leidenschaftlich bewegter, aber entschiedener Mann in rother Kleidung.*) Die Gewänder des Annas, wie seine Haare, sind weiß. Trotz seines hohen Alters spricht und bewegt er sich kräftig. Leidenschaftlicher Haß gibt ihm die Rüstigkeit der Jugend. Beide Hohenpriester tragen hohe, gespaltene Priestermützen und führen gemeinschaftlich den Vorsitz. Zu den Füßen des katheberartigen Priesterthrones sitzen an einem Tische zwei Schreiber als Protokollführer. „Ehrwürdige Versammlung der Priester, Lehrer und Väter des Volkes (redet Kaiphas die zahlreich anwesende Genossenschaft an)! unsere Religion, unser Gesetz stehen in Gefahr, über den Haufen geworfen zu werden. Werden wir noch einmal das Osterfest feiern? Ist der Galiläer nicht Fürst in Jerusalem? Hat er nicht die Verkäufer mit der Geißel aus dem Tempel getrieben? Er hat also Mosen und die Propheten angegriffen. Wie lange wollen wir darum noch zaudern? Wer

*) Der Darsteller ist seitdem gestorben.

hält das Volk von der Verführung zurück? Einzeln haben wir uns wohl bemüht; allein wo stehen wir? Es ist schrecklich! Habt ihr nicht selbst gesehen, wie er im Triumphe in unsere Haupt-stadt einzog? Sollen wir also warten bis der letzte Schatten unserer Macht dahin ist? Darum ist es besser, daß Einer sterbe." Alle sind damit einverstanden und Annas ruft aus: "Bei meinem grauen Haare schwöre ich es, nicht zu ruhen, bis das Erbe un-serer Religion durch seinen Tod gesichert ist." — Der Versamm-lung scheinen Geld und Versprechungen die geeignetsten Mittel, das Volk, das sie fürchtet, von Jesu abwendig zu machen. Um die Mittel in Anwendung zu bringen, werfen die Priester und Schriftgelehrten ihre Augen auf die aus dem Tempel vertriebenen Krämer und Wechsler, als die hiezu tauglichsten Werkzeuge. Zwei Abgeordnete der Versammlung holen dieß Schachervolk herbei, welches in seinem Rachedurste wüthenden Hyänen vergleichbar erscheint. In dieser Empfindung kennen die Ergrimmten auch keine Furcht vor dem Volke. "Hat uns nicht, sagen die Schacherer, der Rath den Kauf im Tempel erlaubt? Daraus hat uns der Galiläer vertrieben, mit einer Geißel hat er uns vertrieben, das soll er mit seinem Blute büßen. Rache! Rache!" Sie erhalten nun den Auftrag, Jesu Aufenthalt auszukundschaften. Einer aus der Rotte zeigt an, daß er einen der Jünger kennt, den er für fähig hält, seinen Meister zu verrathen. Hierauf werden die Erschienenen von den Priestern aufgefordert, in aller Weise be-müht zu sein, sich dieses Jüngers zu versichern, und namentlich die Angelegenheit vor dem nahen Feste zu Ende zu führen. — Annas hebt die Sitzung auf und spricht: "Väter und Freunde! In meinen alten Tagen möchte ich vor Freude aufhüpfen. Ich fühle wieder eine erwärmende Munterkeit in meinem Busen. Wie von süßem Schlummer gestärkt wache ich wieder auf. Lasset uns gehen und thun, was wir beschlossen haben." — Eben so sachgemäß als Annas glaubt in einer andern Stelle ein Sprecher sich auszudrücken, wenn er sagt: "Ereifern Sie sich doch nicht so sehr, Herr Hoherpriester!" Diese Rathsversammlung

hatte troß der Dürre, die auf solchen Erörterungen zu lasten
pflegt, zumal wenn die Mitglieder etwas weitschweifige Reden
und Gegenreden halten, ein hohes Interesse, weil die eifrige
Bethätigung Aller im lebendigen Mienen- und Geberden-Spiele
sich kund gab und dadurch eine dramatische Rührigkeit hervor-
gebracht wurde, welche man sich, wenn man den Text nur hätte
vorlesen hören, kaum möglich würde denken können. Namentlich
erhält die ganze lange Scene eine hastige, ruhelose Beweglichkeit
durch das Auftreten der entrüsteten Krämer und Wechsler, deren
einer dem andern nicht genug thut in der Rachgier. Mit Recht
hat Görres bemerkt, daß die Verhandlungen dieser Versammlung
eher dem Verlaufe einer Kammersitzung als der Berathschlagung
von Priestern glichen. Es wiederholt sich daher auch die auf
unsern Landtagen sehr bekannte Erscheinung, daß einzelne Sprech-
lustige nur in Synonymen eine Umschreibung und Wiederholung dessen geben, was Andere vor ihnen bereits viel besser gesagt hatten. Görres macht dazu aber die sehr zu beherzigende
Bemerkung: „Zur Ehre des Verfassers sind wir aber der Gerechtigkeit die Erklärung schuldig, daß der Geist seines Spieles,
der die Geheimnisse und Tiefen der Schrift lebendig erfaßt hat,
weit über dem äußern Ausdrucke, sowohl in der Prosa wie in
den Versen, stehet, und daß man darum auch willig solche kleine
äußeren Schwächen, die bei innerer Leerheit unerträglich wären,
übersieht und dem Spiele mit unveränderter Aufmerksamkeit
folgt.“ Dieser Scene läßt der Chor ein Danklied zu Feier des
freiwilligen Opfertodes Jesu folgen. Er schildert das Weh des
Mutterherzens beim Abschiede der hl. Jungfrau von ihrem Sohne
durch Hinweisung auf das nun erscheinende Bild der Abschieds-
nahme des jungen Tobias von Vater und Mutter. Dieses Bild
ist äußerst lieblich. Links steht das Haus des alten Tobias und
vor dessen geöffneter Thür eine weinende Magd. Der Alte drückt
vor dem Hause dem Sohne zum Scheidegruße die Hand. Zur
Seite steht, schmerzlich darein schauend, die Mutter. Neben dem
reizenden Knaben zeigt sich als Reisegefährte der unerkannte

Engel Raphael. Er hält seinen und des Knaben Wanderstab und erwartet geduldig das Ende der Abschieds=Scene. Ein Hündlein steht reisegewärtig daneben.

Um das Scheiden Christi von seiner Mutter noch vielseitiger und tiefer empfunden darzustellen, erscheint in einem zweiten lebenden Bilde die liebende Braut aus dem hohen Liede, welche über die Abwesenheit des Geliebten klagt. Eine mächtige, reine, hohe Sehnsucht liegt über diesem Bilde ausgebreitet. Der Schauplatz ist ein üppiger Blumengarten, in dessen Hintergrunde eine Laube sich befindet, welche nach dem Zuschauer hin offen ist. In dieser stehet die hohe, edle, reich gelockte Braut mit zurückgeschlagenem Schleier. Auf jeder Seite reihen sich im Halbkreise acht Töchter Jerusalems in weißen Gewändern, blauen Gürteln und Schleiern an sie und richten theilnehmende Blicke auf die klagende Gebieterin. Sie halten einander an den Händen, von denen Thränentücher herab hängen. Einige führen Leiern. Eine Stimme aus dem Chore stimmt den Klagegesang der Braut an: „Wo ist er hin? Wo ist er hin, der Schöne aller Schönen? Mein Auge weinet, ach! nach ihm der Liebe heiße Thränen. Ach komme doch! Ach komme doch! Sieh' diese Thränen fließen, Geliebter! Wie? Du zögerst noch, dich an mein Herz zu schließen?" u. s. w. Tröstend antwortet der Schwestern Chor in linden, sanft rührenden Tönen: „Geliebte Freundin, tröste dich! dein Freund wird wieder kommen. O harre, Freundin! bald kommt er, schlingt sich an deine Seite, dann trübet keine Wolke mehr des Wiedersehens Freude." Diesen Bildern folgt Christi letzter Besuch bei seinen Freunden in Bethanien. Er tritt in dessen Straßen mit seinen Jüngern auf. Dieselben tragen das bereits in der früheren Scene an ihnen bemerkte Costüm. Ich will davon nur bemerken, daß Johannes im rothen Unterkleide mit grünem Ueberwurf, Judas durchaus in das Gelb des Neides, Petrus aber in blau gekleidet, erscheinen. Die 6 bis 7 Fuß langen Wanderstäbe geben der Erscheinung der Jünger eine gewiße feierliche Haltung. Der Herr verkündet seinen Jüngern, die

Stunde der Trennung sei nahe. Ueber dem Tode zeigt er ihnen
ein Wiedersehen. „Meister, das Scheiden will durchaus nicht in
meinen alten Kopf hinein," sagt treuherzig Petrus. Während
alle durch des Meisters, Reden in tiefen Kummer versenkt, erscheinen, ist Judas mehr in Angst wegen seines künftigen Aus-
kommens. Christus, diese irdischen Gedanken in ihm gewahrend,
spricht: „Juda, sei nicht mehr besorgt, als nöthig ist." An die
Uebrigen richtet er die Worte: „Gute Jünger, ihr denket viel
zu menschlich; seid getrost und folget mir." —

Diese Reden sind während Gehens und Stehens gesprochen.
Man befindet sich beim Schlusse derselben am Hause des gastfreien
Simon, dessen Angehörige dem Herrn entgegen treten. Sie laden
Christum zum Eintritte in das Haus ein. Er folgt der Einlad-
ung. Die Scene verwandelt sich in das Speisezimmer, in dessen
Hintergrunde der mit Speisen bedeckte Tisch sich darstellt. Christus
läßt sich mit seinen Jüngern daran nieder und nimmt den Mittel-
platz ein. Er spricht den Wunsch aus, daß seine Ankunft in Jeru-
salem eben so angenehm sein möge, als der Eintritt in dieses Haus.
An die Jünger richtet er rührende Worte über sein bevorstehen-
des Abscheiden. Die Freunde rathen ihm, auf seine Sicherheit
Bedacht zu nehmen. Er aber frägt ergebungsvoll: „Soll ich dem
Willen meines Vaters nicht folgen?" Martha erscheint in Be-
dienung der heiligen Gesellschaft als unermüdliche Kellnerin. Der
Herr tritt hinter dem Tische hervor und läßt sich zur Linken
auf einem Sessel nieder. Magdalena erscheint in blauem Kleide
mit gelbem Obergewand und reichen aufgelösten kastanienbraunem
Haar. Sie macht einen guten Eindruck. Nachdem sie sich zu
seinen Füßen gesetzt, salbt sie dieselben von Reue und Liebe bewegt, während die Jünger sie in einem Halbkreise umgeben.
Der über diese Handlung empörte Judas stehet voran. Görres
bemerkt hierzu: „Es sind der böse und der gute Engel, die einander gegenüber stehen, rechts*) kommt die reuige Liebe zu den

---

*) Bei der Vorstellung am 25. Juli 1850 war Magdalena dem auf die
Bühne blickenden Zuschauer links, Judas aber auf der Rechten.

Füßen ihres gütigen Heilandes, der sich, verzeihend, von ihr salben läßt; links stehet der Neid, der selbstsüchtig und kalt den äußerlichen Werth des Opfers, die Salbe der Liebe berechnet und vor der Welt seine Selbstsucht für barmherziges Mitleid und Liebe zu den Armen ausgeben möchte." Grimmig spricht er vor sich hin: „Warum hindert er die Thörin nicht! Welch' eine Verschwendung! Wie viele Arme hätte man damit unterstützen können? Dreihundert Denare u. s. w." Magdalena dagegen weiß nur die flehenden Worte: Rabbi, Rabbi, hervorzubringen. Christus dankt, nachdem er sich erhoben, seinem Wirthe. Er tröstet die Bekümmerten mit der Aussicht auf ein baldiges freudenreiches Wiedersehen. Die Jünger lehnen es anfangs ab, dem Herrn nach Jerusalem zu folgen. Er gebietet es ihnen. Während er draußen seinen Segen ertheilt, erscheint von der andern Seite her seine Mutter, die Jungfrau Maria in einem rothen Gewande und blauem Mantel darüber, das Haupt halb in einen undurchsichtigen Schleier gehüllt. Die Darstellerin der Maria war im ganzen Passionsspiele diejenige Person von der ich die größten Erwartungen gehegt hatte. Als die Tochter des reichen Verlegers Lang war sie ohne Zweifel das gebildetste Mädchen des Ortes. Im Gespräche mit ihr hatte ich eine nicht gemeine Redegewandtheit, ein offenes und sicheres Benehmen wahrgenommen und der Eindruck, den sie aus ihrem Privat-Leben hinterlassen, hatte für ihr Auftreten als Unsere Liebe Frau das günstigste Vorurtheil erweckt. Allein ihr Spiel wirkte doch anders auf mich. Aus dem Munde eines bühnengerechten Mimen würde sie vielleicht in Bezug auf ihre Studien eine Anerkennung habe vernehmen können. Allein eben weil die Uebrigen, welche ihre größte Kunst darein setzten, in ihren Darstellungen keine Kunst anzuwenden, von der natürlichen Auffassung ihrer Rolle beherrscht, unbewußt das Rechte fanden, wo ein Schauspieler die größten Anstrengungen machen muß, indem ein richtiger Instinkt sie leitete und sie ungesucht darstellen ließ, was ihnen Aufgabe der ihnen zugetheilten Rolle zu sein schien, bil-

bete das überdachte Spiel dieser Maria dazu einen Gegensatz,
der sich am deutlichsten durch Hindeutung auf den Unterschied
von Volks= und Kunst=Poesie darstellen läßt. Die junge Lang
hatte, um etwas Ausgezeichnetes zu leisten, wie mir erzählt wor=
den, sich nach München gewendet und dort durch eine mimische
Künstlerin sich für die Darstellung vorbereiten und einüben lassen.
Meines Erachtens war das, wie gut gemeint auch, doch nicht das
Richtige, denn Kunst und Naturspiel fügen sich einmal nicht in
Eintracht zusammen. Es that mir in der Seele leid, daß die
junge Darstellerin ihren braven Fleiß und schönen Willen nicht
durch das Gelingen der Mater dolorosa gekrönt sah.

Nur in dem einen Stücke bin ich mit dem schon mehr er=
wähnten Berichterstatter in Nr. 350 der Augsburger allgemeinen
Zeitung einverstanden, daß dem Passionsspiele sein Ende bevor=
stehe, wenn die Marien erst öfter von Hofschauspielerinnen ge=
schult werden. Ich fürchte aber mit ihm keineswegs die Wieder=
holung dieses Versuches, nachdem derselbe im Jahre 1850 wenig
Glück gemacht hat. Die Ober=Ammergauer werden aus dem
Erfolge die Lehre sich ziehen, daß ihr Spiel von der wirklich
theatralischen Kunst sich fern halten muß, wenn es seinen eigen=
thümlichen Charakter bewahren will. *) —

Die der Mutter Gottes eignende Hoheit war schon in der
ersten Scene nicht erreicht, in welcher Maria auftrat und in
welcher ihr Jesus seinen letzten Dank und Lebewohl sagt. Wäh=
rend Judas mit den Jüngern links abgehet, wird Maria von
Lazarus in sein Haus geführt. Der Vorhang fällt. Es wird
vom Chore hervorgehoben, wie gern der Heiland Jerusalem ge=
rettet hätte. Allein Stolz und Hochmuth haben einmal der Syna=
goge den Untergang bereitet. Doch warnt der Chor noch einmal

---

*) Es verdient bemerkt zu werden, daß früher die Frauenrollen durch
Männer gespielt wurden, wie auch einst auf der Bühne der Alten.
Wenigstens ist dieß in den religiösen Dramen der Fall gewesen, deren
Kenntniß wir dem Herrn Adolph Pichler verdanken.

und forbert Jerusalem auf, sich zu seinem Gotte zu bekehren. „Unselige! Sonst ergießet sich in vollen Schaalen über Dich des Höchsten voller Grimm. Doch! Ach! Der Propheten Mörderin, — Sie taumelt fort in ihrem bösen Sinn. Darum, so spricht der Herr, dies Volk will ich nicht mehr." —

Der Chor zeigt auf die von ihrem Gemahle Asverus wegen ihres Stolzes verstossene Vasthi und findet darin ein Bild dessen, was der Herr mit der Synagoge beschlossen hat. Die Darstellung dieser Scene durch ein lebendes Bild war ganz nach meinem Geschmacke. Rechts und links füllt zahlreiches Volk die Bühne. Im Hintergrunde steht auf erhöhter Stätte Asverus Thron. Rechts von sich hin stößt er die stolze Königin, welche in herab-eilender Stellung sich zeigt, die Stufen hinab. Sie ist fast mit zu viel Schönheit und Anmuth vorgestellt. Die Hinabgestoßene erregt nur unsern Schmerz, wir gedenken nicht des Hochmuthes, den eine so reizende Trägerin hat und wundern uns, daß Esther, eine feiste Dame, die zu des Königs linker Seite steht, über diese einnehmende Vasthi den Sieg hat davon tragen können. Asverus ist ein stattlicher König in Krone und Hermelin. Auch das Hofgefolge von Männern und Frauen war gut gruppirt und nirgends Etwas bemerkbar, das der schönen Wirkung dieser Scene hätte Eintrag thun können, es müßte denn die Esther sein, welche der Chor mit zu großer Schmeichelei für die Dar-stellerin die Schöne nennt. Nachdem der Vorhang gefallen und der Chor nochmals die Sünder aufgefordert hat, Gottes Wort zu hören, erscheint in einem neuen Auftritte der Herr mit seinen Jüngern auf dem Wege nach Jerusalem. Während die übrigen Jünger sich um ihren Meister gruppiren, und ihn zurückhalten möchten, bleibt der treulose Judas zur Seite. Jesus äußert trau-ernde Worte über die Zukunft Jerusalems, wo kein Stein auf dem andern bleiben soll. Er sendet Petrus und Johannes vor-auf in die Stadt, um das Osterlamm zu bestellen. Unter Hin-deutungen auf seinen nahen Ausgang bittet er die Jünger, an ihm sich nicht zu ärgern. Nun fängt dem Judas endlich zu

bangen an. „Erlaube mir, Meister," spricht er, „triff Anstalt
für unsere künftige Versorgung, wie gut kämen uns jetzt die
dreihundert Denare?" — Als Jesus ihn erinnert, sich an sein Wort
zu halten, antwortet der Aengstliche: „Wer sorgt aber, wenn
ich nicht sorge, bin ich nicht der Säckelträger?" — Jesus geht,
nachdem er ihn nochmals verwarnt, mit den neun Jüngern den
voraufgesendeten beiden nach. Judas bleibt. Er hat von des Mei=
sters hoher Sendung gar keine Ahnung, obwohl er Jahre lang
sich in seiner Gesellschaft befand. Das Auskommen, das er bei
Jenem gesucht und gefunden, soll nun aufhören. Eine Aussicht,
ferner den Säckelwart zu spielen und sich dabei heimlich ein
Gewinnchen zu machen, zeigt sich nirgends. Das stimmt ihn
trübe und zur Unschlüssigkeit. Ein Bild und Ausdruck dieser
Stimmung steht er da am verhängnißvollen Scheidewege. Man
glaubt wahrzunehmen, wie auf der einen Seite sein guter, auf
der andern Seite sein böser Engel auf ihn einreden. Seine
Betrachtungen wenden jetzt dem einen, dann dem andern sich zu.
Es ist etwas Verzerrendes in diesem Kampfe, der sich deutlich
im stummen Spiele ausdrückt. Die dreihundert Denare, welche
zur Salbe verschwendet worden, bilden die unglückliche Vorstell=
ung, die fixe Idee, in welcher sich die arme Seele zu ewigem
Verderben vergarnt. Dem in solche Gedanken Vertieften nahet
schleichend einer der von Jesus aus dem Tempel verjagten
Schacherer. Derselbe speculirt sogleich auf die Verwirrung, worin
er den Unglücklichen antrifft. Judas von ihm angeredet, frägt:
Was willst Du mein Freund, vielleicht auch mein Verräther?
Leicht wird's dem schlauen Lauscher zu erforschen, wie Judas
innerlich vom Herrn abgefallen ist und es nur eines Anstoßes
bedarf, um auch äußerlich das bestandene Band zu trennen. In=
dem er hiezu wirken will, kommt ihm eine Schaar seiner Schacher=
genossen zu Hilfe. Judas richtet mißtrauisch die Frage an sie:
„ob sie auch des Galiläers Anhänger werden wollten?" Sie
meinen, wenn günstige Aussichten vorhanden seyen, wohl. Als
Antwort zeigt Judas seinen leeren Säckel und fällt in die alte

Leler von den dreihundert Denaren und der vergeudeten Salbe. Er beklagt sich, daß die Thörin, welche dieselbe gespendet, noch Lobsprüche vom Meister, er aber für seine Fürsorge nur Vorwürfe zu hören bekommen. Die Schacherer stellen sich darüber verwundert, wie Judas noch bei Jesu aushalten könne. Judas frägt nur: ob er die dreihundert Denare dadurch wieder erhalten werde? Die Schleicher versprechen ihm noch größern Gewinn. „Diese Sprache gefällt mir," antwortet der Elende, „ich erinnere mich nun, ihr seid die Verkäufer. Jetzt verstehe ich euch ganz, ich soll den Vermittler machen. Ach! die dreihundert Denare, das wäre eine schöne Gelegenheit, sie wieder zu bekommen? Soll ich sie aus der Hand lassen? O du kostbare Salbe, jetzt erkenne ich erst recht deinen Werth!" — Die dreißig Silberlinge, welche ihm die Verführer versprochen, ersetzen ihm den Werth der unvergeßlichen Salbe. Judas verabredet mit seinen Versuchern eine Zusammenkunft und diese trennen sich von ihm unter dem Zurufe: „Freund, Bruder, ein Mann, ein Wort." — Judas spricht, als er sich allein erblickt, seine Freude über die Aussicht des Ersatzes für seinen Verlust aus. Allein, nun fechten ihn Gewissensbisse an. „Aber," wirft er sich selber ein, „der Meister ist doch ein guter Mann, und ich, so oft Zeuge seiner Güte, soll ihn verrathen?" — Sogleich beschwichtigt er jedoch sein Gewissen mit der Bemerkung: „Er ist ja ein Wundermann. Er wird sich schon retten, was mich betrifft, ein Mann, ein Wort, so habe ich nichts verloren." In einem abermaligen Bewußtsein des Unrechtes, das er begehen will, blickt er sich scheu um mit den Worten: „Es wird mich doch niemand bemerkt haben, ich muß mich verstellen." Er setzt aber sogleich hinzu: „Ach, wenn ich nur das Geld schon hätt'!" — Görres wie Devrient sprechen sehr anerkennend über diese Scene und ich muß hinzufügen, daß der diesmalige Judas dieselbe ganz vortrefflich darstellte. „Die Zeichnung dieses Charakters ist freilich," wie Devrient bemerkt, „nicht im großen Styl und sie ist stellenweis platt. Aber sie ist von einer furchtbaren Wahrheit und er-

8*

klärt vielleicht besser, als irgend eine andere Auslegung, das Verhältniß des Verräthers zu seinem Meister. Sie hat für dies Volksschauspiel den Werth einer so familiären Deutlichkeit, daß dieser Judas an jede Brust der 6000 Zuschauer zu klopfen und zu fragen scheint: Bist du nicht auch wie ich? Wirst du nicht auch heute und morgen um deine Sicherheit oder zeitlichen Gewinn oder um deinen Priestern und Vorgesetzten zu Willen zu sein, die ewige Wahrheit verrathen? Eindringlicher konnte Judas nicht geschildert werden." — Wie sehr ich auch dieser Aeußerung meinen Beifall geben kann, so sehr weiche ich von Devrients Urtheilen über die nun folgenden zwei lebenden Bilder ab. In dem einen wird vorgestellt, wie der Herr dem Volke das Manna und im andern, wie er demselben die Weintrauben aus Canaan gibt, indem ich vielmehr der Meinung bin, daß sie dem Kunst- sinne und der Geschicklichkeit der Ober-Ammergauer gerade zur Ehre gereichen. Mir sind vorzugsweise diese Bilder als reiche und liebliche erschienen. Als Parallelstellen zur Speisung der Jünger im Abendmahle findet Devrient die Darstellung schön. Aber ihm ist die Verwendung mehrerer hundert Menschen zu einer Vorstellung zuwider und das Bild zu voll gepfropft. Mir hat die Scene vielmehr Verwunderung erregt, wie in einem so engen Raume die Darstellung eines ganzen Volkes, ohne die Empfindung des Unzureichenden hervor zu rufen, hat erfolgen können. Im Vordergrunde erblickt man eine Reihe in verschie- denen, höchst lieblichen Gruppen lagernder Kinder. Hinter ihnen erscheinen sitzende und stehende Kinder reifern Alters. Dann folgen Mädchen und Frauen. Den Hintergrund bilden die Männer. Nur Aaron und Moses stehen jeder zur Seite mitten unter den Kindern, ein Paar stattliche mächtige Säulen der Volkes. Aaron, welcher dem Zuschauer zur Rechten steht, erscheint mit seinem Stabe; Moses mit einer Art goldener Strahlen am Kopfe. Alles ist in Freudenfarben gekleidet und fängt das wohl drei Minuten lang wie dichte weiße Flocken vom Himmel herabfallende Manna auf. Die Ruhe des Bildes und die Bewegung dieser Flocken dürften

wohl ein Widerspruch sein, doch that derselbe dem Effecte durchaus keinen Eintrag. Görres will übrigens in den Flocken die
Gestalt kleiner Hostien erkannt haben, was sehr sinnvoll sein
würde. Ich habe eine solche Gestalt nicht erkannt. Jedenfalls
war das Bild sehr rührend und ganz geeignet, die Freude und
Dankbarkeit über diesen Segen von oben, über diese Himmels-
ernbte, auszudrücken. Die Mädchen schütten einander das Manna
in die Schürzen. Nachdem das Bild hinter dem herabfallenden
Vorhange verschwunden ist, erklärt der Chor die Beziehung. Das
darauf erscheinende neue Bild zeigt in der Mitte die riesengroße
blaue Traube, welche die zwölf Kundschafter Mosis aus Canaan
mitgebracht und die von zwei Männern an einer Stange getragen
ward. Das Volk steht zu beiden Seiten der Traube gruppirt; die
beiden Anführer auch hier in hervortretender Stellung. Der Chor
vergleicht die Traube dem heiligen Weine des neuen Bundes.

Diesem Chorgesange folgt die Einsetzung des heiligen Abendmahles selber. Vorbereitet wird dasselbe durch die Erscheinung
der von Christo voraus gesendeten Jünger in den Straßen Jerusalems. Hier tritt ihnen der von Jesu bezeichnete Speisemeister mit dem Kruge entgegen. Sie erkennen ihn als den
rechten. Er führt sie seinem Herrn zu, welcher sie mit dem
Freundesgruße bewillkommt und nach dem Meister fragt. Ungeduldig im Harren auf den angemeldeten Gast gehet er mit den
Jüngern demselben entgegen. Sie treffen auf einander. Christus segnet seinen Wirth und dessen Haus. Nachdem der Speisemeister angezeigt, das Mahl sei bereitet, begibt sich die Gesellschaft in den Speisesaal. Der Hausherr, hoch erfreut über die
ihm widerfahrene Ehre, spricht: „Mein Haus soll Theil nehmen
an der Freude, o Herr; befiehl, o Herr, auf Dein Wort soll
Alles geschehen." — Der Einsetzung des Abendmahles gehet die
Händewaschung und die symbolische Verzehrung des Lammes
voran. Mit Beidem will Christus, wie er sagt, das Gesetz be-
obachten. Nach der Waschung werden das Lamm und der Wein
herein getragen. Die Jünger und der Herr stellen sich um den

Tisch im Hintergrunde. „Vater, mein Herz erhebt sich zu Dir,“ spricht Christus, „Deine Gaben sind es, die ich vor Dir in Frieden genießen werde; segne diese Speisen.“ Den Jüngern dagegen versichert er seine innigste Sehnsucht, mit welcher ihn verlangt habe, in ihrer Gesellschaft das Osterlamm zu speisen, „denn es ist das letzte Mal, daß wir vereinigt es essen.“ Ueber den Becher spricht er; „Vater ich danke Dir für diesen Trank der Rebe.“ Er reicht den Jüngern den Becher. Derselbe geht von Hand zu Hand. Sie trinken stehend, wie sie denn überhaupt öfter während des Mahles aufstehen. „Einer von euch wird mich verrathen,“ spricht Christus mit Wehmuth. Die Jünger betheuern, jeder einzeln, seine Unschuld. Judas, welcher gefragt: Herr, bin ich's, erhält die Antwort: Du sagst es. Später erhebt sich unter den Jüngern die Frage nach den Ehrenplätzen im Himmelreiche. Jeder möchte darin irgend wie ausgezeichnet werden. Statt einer Antwort wendet sich Jesus mit der Bitte an den Hausherrn, Wasser und ein Tuch bringen zu lassen. Den Jüngern zugewendet, spricht er dagegen: „Die Könige der Völker herrschen über dieselben und die, welche Gewalt haben. Bei euch aber ist es nicht so.“ Inzwischen werden Wasser und ein Tuch gebracht. Mit seinen Reden der Verheißung künftiger Herrlichkeit können die Jünger nicht reimen, was er nun vornehmen will. Staunend fragen sie einander: was doch der Meister thun wolle. Christus legt sein Obergewand ab. Es wird ihm eine große, weiße, faltenreiche Schürze vorgebunden (was in der Erzählung freilich possirlich klingt, dem Blicke aber ganz natürlich vorkam, so daß ich erst jetzt beim Niederschreiben die Sache hinterher seltsam finde), er ruft Petrum zu sich und spricht: reiche mir den Fuß. Petrus tritt in ehrerbietiger Scheu zurück und weigert sich, den Dienst anzunehmen. Christus bemerkt, daß, wenn er ihm die Füße nicht wasche, Petrus keinen Theil an ihm haben werde. Petrus antwortet mit der Rede, die ihm das Evangelium in den Mund legt. Die Fußwaschung erfolgt nun der Reihe nach. Hausherr und Speisemeister, welche im Vordergrunde stehen, drücken durch angemessenes Mienen= und Geberdenspiel ihre Rührung über des Heilandes Selbstbemüthigung aus. „Ihr seid nun rein," spricht er, „aber nicht alle; wer das Brod mit mir ißt, wird den Fuß gegen mich aufheben." — Inzwischen sind die Jünger an den Tisch getreten und haben sich daran niedergelassen. Christus erhebt das Brod und den Wein, wandelt um den Tisch und spendet, bei Petrus anfangend, bei Johannes endigend, Brod und Kelch jedem Einzelnen, indem er beim Darreichen die Einsetzungsworte spricht. Jeder, der genossen hat, senkt ernsthaft sein Haupt. Diese ganze Scene athmet eine erhabene Würde. Die Darstellung in ihrer biblischen Einfachheit ohne alle Zuthat rednerischer Zier versenkt uns in fromme Weihe. Andacht lag auf den Mienen aller Darsteller und Zuschauer, kein entweihender Blick, keine spöttische Verzerrung war auf irgend einem Antlitze wahrzunehmen. Die Bedeutung der Scene wurde, so weit ich wahr genommen, ganz allgemein, theilweis aber so tief empfunden, daß Thränen und unterdrücktes Schluchzen an verschiedenen Stellen beobachtet werden konnten. Nachdem die Speisung beendet ist, kehrt Jesus auf seinen Platz zurück und spricht: „Ich sage euch, einer von euch wird mich verrathen." Die Jünger betheuern ihre Unschuld und wollen wissen, wen er meint. „Der ist es, dem ich das Brod reiche," spricht Christus und reicht es Judas hin. Eben so taucht er unter den aus dem Evangelio bekannten Worten die Hand zugleich mit Judas in die Schüssel. Der Griff des Jüngers war wie krampfhaft, als zerre eine dämonische Gewalt die Hand nach der Schüssel. Eben so gewaltsam packt es den Verräther, als der Meister ihm zuruft: „Was du thust, das thue geschwind." Er reißt sich empor und stürzt mit wilder Geberde aus dem Zimmer unter Christi Nachruf: „Jetzt ist des Menschen Sohn verherrlicht!" Petrus dagegen weiß sich Etwas mit seiner Treue gegen Christum und betheuert, sein Leben für ihn hingeben zu wollen, wogegen Christus spricht: „Du, Petrus, wirst mich verläugnen." Nachdem Christus betrübte Blicke auf Jerusalems verhängnißvolle Zukunft geworfen, schließt er die Feier mit einem Gebete und verabschiedet sich dankend und segnend vom Hauswirthe. Dieser bleibt allein zurück und stellt fromme Betrachtungen an.

Nach einleitendem Chorgesange folgt ein neues lebendes Bild, in welchem Joseph's Brüder jenen, den sie wieder aus der Grube gezogen, an vorübergehende Ismaeliten für zwanzig Silberlinge verkaufen. Der Chor ruft zunächst dem hinweg gelaufenen Iskarioten Droh= und Klageworte nach. „Er wiederholt, heißt es, voll bösem Sinn, was einst geschah zu Dothain. Was bietet für den Knaben ihr? — So sprechen Brüder: wenn wir euch ihn käuflich übergeben? Sie geben bald um den Gewinn von zwanzig Silberlingen hin des Bruders Blut und Leben." Die Beziehung auf den für dreißig Silberlinge verkauften Heiland, dessen Vorbild Joseph war, ergibt sich leicht. Das Bild stellt die Brüder Joseph's in schönen Hirtentrachten vor, wie dieselben gierig das für den Bruder empfangene Kaufgeld zählen. Im Hintergrunde stehen die Ismaeliter mit ihren Gepäckthieren im Begriffe, Joseph abzuführen. Diesem Bilde folgt die Ansicht des versammelten hohen Rathes, dessen Mitglieder, in Erwartung des angekündigten Judas, in höhnischen und rachedürstenden Aeußerungen wider Christum sich ergeben. Nicodemus und Joseph von Arimathias, welche für Christum zu sprechen wagen, werden von dem dadurch in Wuth versetzten Kaiphas für unwürdig erklärt, in dieser Versammlung ferner einen Platz zu haben. Inzwischen erscheint Judas, mit welchem um die heilige Person des Erlösers gemarktet wird. Auch hiebei fällt Judas in Folge der Frage des hohen Priesters: ob ihn auch der Handel nicht gereuen werde, in sein altes Lied von der Vergeudung der dreihundert Denare für die Salbe. Natürlich finden auch die Priester diese Verwendung höchst verschwenderisch. Die dreißig Silberlinge, um welche man einig geworden, werden aus dem Tempelschatze herbeigeholt. Nicodemus protestirt gegen den abscheulichen Handel und lehnt jede Betheiligung an demselben ab. Seine Collegen rathen ihm höhnisch in des Calitäers Gesellschaft einzutreten, während sie Judas auffordern, die dreißig Silberlinge anzunehmen und ein Mann zu sein. Der Jünger tritt an den Tisch und zählt wohlgefällig, doch aber auch voll Mißtrauens, ob er nicht betrogen sein möchte, seine Silberlinge, deren Gewicht und Gepräge er noch besonders prüft. Nachdem er das Mordgeld eingestrichen, erhält Judas die Aufforderung, das übernommene Werk zu leiten. Er verspricht, noch heute den Heiland in ihre Hände zu liefern, verlangt aber eine Rotte Kriegsknechte, um Jesum bei nächtlicher Weile am Bache Kedron zu überfallen. Auch verabredet er das Zeichen des Verrathes. Der hohe Rath mißtraut aber mit Recht einem Schurken, der seinen Herrn und Meister zu verrathen im Stande ist und giebt ihm zur Ueberwachung eines seiner Mitglieder mit. Es melden sich zu diesem Auftrage Mehrere, und der greise Annas bedauert, daß seines Alters Schwäche ihn verhindere, diese Begleitung des Judas zu übernehmen, was bei der Rüstigkeit, die der alte Mann bis dahin bewiesen, etwas befremden muß. Unter dem grauenvollen Rufe: „er sterbe, er sterbe, der Feind unserer Väter!" gehen die Mitglieder des hohen Rathes auseinander. —

Von der Gefangennehmung Christi am Oelberge bis zum Verhöre vor Annas.

c. Zweite Abtheilung.

Ein anmuthiges Bild bereitet nun auf Christi Blutschwitzen am Oelberge vor. Es ist die Verwirklichung des Fluches, den Jehovah aussprach, nachdem die Schlange das erste Weib verführt hatte, und namentlich des Theiles desselben, welcher lautet: Im Schweiße deines Angesichtes sollst du dein Brod essen, bis daß du zurückkehrst zur Erde. Die Scene zeigt ein Feld. Zur Rechten erscheint Adam grabend in des Tages Hitze und mit einem Schurze von Schaaffell bekleidet. Neben ihm ziehen zwei unbekleidete Buben Dornen und Disteln aus. Drei andere Kinder befinden sich in der Mitte und spielen mit einem Lämmchen. Links sitzt Eva in herabfallendem Haare mit dem jüngsten Kinde auf dem Schooße. In dem dazu gehörigen Chorgesange ist die Beziehung des ersten und zweiten Adam in dem Schweiße hervor gehoben. — Nach diesem erscheint ein anderes Bild. David hatte Amasa geboten, die Männer Juda zu berufen wider Seba, den Sohn Bochris. Amasa zögerte damit und nun ordnet David eine andere Verfolgung Seba's an. Joab eilt hinter dem Feinde seines Herrn her. Da kommt ihm Amasa zu Gesicht. Er tritt diesem, der nichts Böses argwöhnt, entgegen. Gehet es dir wohl, mein Bruder, spricht Joab und greift mit der Rechten an Amasas Bart, um ihn zu küssen. Amasa hat sich dessen nicht versehen, daß Joab ein Schwert in der Hand führe. Joab stößt ihm dasselbe durch den Leib, daß die Eingeweide heraus fallen und Amasa stirbt. Diese Scene füllt die Mitte des Bildes. Auf beiden Seiten stehen Krieger. Der Chorgesang zu diesem Bilde ist ungemein ergreifend. Die Felsen Gabaon, unter denen Amasa fiel, werden angeredet und beschworen, zu sagen, welch' eine gräßliche That sie mit einem Trauerflore umhüllt dastehen lasse? „Da fiel," fährt er fort, „von einer Meuchlerhand durchbohrt ein Amasa, vertrauend auf der heiligen Freundschaft Gruß, getäuscht durch Joabs Bruder-kuß rc. So verräth den Menschensohn, ach! mit heuchlerischem Gruße und mit einem falschen Kusse, als der Führer einer Rott', Judas der Iskariot." Dieser Chorgesang und das Beschwören der Felsen hat etwas schaurig Eindringendes.

Ein drittes Bild, das dem vorigen folgt, stellt den mächtigen Samson dar, als die verrätherische Dalila ihr: „Philister über dir" gerufen, die Kraft Jehovas von ihm gewichen war, die Philister ihm die Augen ausstachen und ihn mit ehernen Ketten fesselten. Der starke Held mit seinem blonden, kurz abgeschnittenen Haare stehet in der Mitte, auf allen Seiten von Kriegsknechten angepackt und sich vergeblich derselben erwehrend. Die Ketten sind ihm bereits angelegt. Ringsum stehen noch viel

Krieger und rechts im Vordergrunde die falsche Dalila mit dem Finger auf den verrathenen Geliebten zeigend. Dalila, eine voll= kommen schöne Erscheinung, ward von der Kellnerin des Schwa= benwirthes dargestellt. Das Bild war in seiner trefflichen Aus= führung von tief gehender Wirkung. Bei diesem Bilde etwa möchte Devrients Tadel einer erzwungenen Beziehung der alt= testamentlichen Bilder auf Vorgänge im neuen am ersten be= gründet erscheinen. Das liegt aber wohl weniger in der Sache selbst, als in der Deutung, die der Chorgesang der Darstellung gibt. Er müßte es bei der Fesselung Samsons und dem Ver= rathe durch eine geliebte Person bewenden lassen, dann war der Anwendung auf die Fesselung Christi und seinen Verrath durch einen vertrauten Jünger genügt.

Die nun folgende Scene am Oelberge war durch und durch vortrefflich. Es ist eine felsige Parthie des Berges vorgestellt. Christus erscheint mit den Jüngern. Er heißt sie mit Ausnahme des Petrus, Johannes und Jakobus, am Eingange des Gar= tens bleiben. In dem Vordergrund tretend, spricht er zu diesen Dreien: meine Seele ist betrübt bis in den Tod; bleibet hier und wachet mit mir! Die drei Jünger sitzen etwas erhöht auf dem Felsen. Christus entfernt sich, um zu beten, dreimal nach der Linken zwischen zwei Erhöhungen, so, daß, wenn er kniet, nur der obere Theil seines Leibes sichtbar bleibt, bei den dreien Malen aber, wo Christus in der Angst auf sein Angesicht nieder fällt, den Blicken von der überragenden Felserhöhung entzogen wird. Dadurch wird es möglich, daß ihm, während er liegt, die Blutstropfen ins Gesicht gemalt werden können, mit denen er jedes Mal wieder aufsteht. Die Hingebung in den Willen des göttlichen Vaters und daneben dieses menschliche Zittern und Zagen, die Angstgebete, die Schlaftrunkenheit und die von der= selben immer wieder überwundene Verzagtheit der Jünger, das Leeren des Leidenskelches, waren über alle Schilderung vortrefflich dargestellt. Tiefstes, unauslöschliches Weh senkte sich in der Zu= schauer beklommene Brust. Diese erhabene und erhebende Schmerzem=

pfindung erlitt auch dadurch keinen Eintrag, daß der Engel, welcher mit dem Kelche in der mit weißen Handschuhen bekleideten Hand von oben herab schwebt, ein derber Bube von 10—12 Jahren, seine Nationalität nicht verleugnen konnte und in recht Ober=Ammergauischer Aussprache den Heiland aufforderte, das Erlösungswerk unbeirrt zu vollführen. Nachdem man mit dem in Gethsemane den Seelenkampf duldenden Erlöser die bittere Vorkost der Kreuzigung reichlich und theilnehmend genossen, wird man erschreckt, über den Mann der Schmerzen noch neues Leid hereinbrechen zu sehen, da Judas mit seiner Rotte erscheint, die mit Schwertern und Speeren bewaffnet ist. „Nun sollst Du unsere Rache fühlen!" krächzen die vom hohen Rathe der Schaar beigegebenen und freiwillig derselben gefolgten Juden. Nachdem Judas Jesum geküßt und dieser den Soldaten auf die Frage: ob er Christus sei, mit fester und würdiger Stimme erwidert hat: „Ja, ich bin es," fallen die Kriegsknechte rings wie betäubt nieder. Ihre Bestürzung und Furcht ist sehr gut gegeben. Der rasche Petrus entblößt sein Schwert und hauet dem Malchus das Ohr ab, das der Herr augenblicklich heilt. Alles gehet so schnell zu, daß der Blick kaum den Zusammenhang auffassen kann. Christus wird nun doch gefesselt und von der höhnenden Menge abgeführt. Die Jünger fliehen aus einander und der König des Friedens wird in Ketten, von Allen verlassen, nach der Stadt geschleppt, um dem hohen Priester vorgestellt zu werden. Mächtig ergriffen sehen wir den Heiland der Welt von seinen liebsten Jüngern aufgegeben, bei ödester Verlassenheit in den Händen des Auswurfes der Menschheit. Tief erschüttert empfinden wir, als würde sie an uns selber vollführt, die satanische Brutalität, mit welcher diese Scheusale das Lamm zur Schlachtbank führen. Und doch spricht sich auch noch in den Mienen und Geberden des Gebundenen, Fortgestoßenen die Fülle unendlicher Liebe aus, die er auch gegen die Feinde im Herzen trägt. Der Eindruck, den diese unerhörte Vereinsamung und der Abfall auch seiner Liebsten auf die Seele des Zuschauers machen, veranlaßte Devrient zu der Aeußerung: „Diese ungeheure einsame Größe hat mir erst die Gewalt der dramatischen Kunst — wenn gleich nur in einem Dorfschauspiele — vor die Seele gebracht." — Wenn nach Herablassung des Vorhanges uns der Chorgesang: „Begonnen ist der Kampf der Schmerzen, begonnen in Gethsemane" u. s. w. daran erinnert, daß die vorangegangene Scene voll tief nagenden Schmerzes erst der Anfang der Leiden ist, die den Heiland erwarten, so frägt man staunend: ob das Ungeheure, dessen Zeuge man eben gewesen, noch überboten werden könne und folgt, um von dem niederschmetternden Weh, das auf uns lastet, etwas aufzuathmen, nicht ungern dem Blicke, den ein neues Bild auf sich zieht. Demselben liegt folgende alttestamentliche Veranlassung zum Grunde: Ahab, der König von Israel, trägt Begehr nach Ramoth, welches dem Könige von Syrien gehört. Er sammelt seine Propheten, um sie zu befragen, ob er den Zug unternehmen solle. Ihrer vierhundert, unter Andern Sedekias, rathen dem Könige zu der Unternehmung. Der nachträglich auf Josaphats, des Königs von Juda Rath, herbeigerufene Prophet Jehovah's, Michäas, aber erklärt vor Hofe und in Gegenwart Sedekias: Jehova habe einen Lügengeist in den Mund der Hof-Propheten gelegt und der König werde nicht zurückkehren von seinem Zuge. Sedekias, über diese Worte erzürnet, tritt an Michäas heran, schlägt ihn auf den Backen und frägt: Wo wäre der Geist Jehovah's von mir gewichen? Das Bild stellt nun den Moment dar, in welchem Sedekias dem Michäas den Backenstreich versetzt und soll ein Vorbild sein zu dem Schlage in's Angesicht, den Christus beim Verhöre vor dem Hohenpriester empfängt. Der Chorgesang drückt diese Beziehung also aus: Doch die Wahrheit des Michäas schmeichelt einem Ahab nicht und der Lügner Sedekias schlägt dafür ihn in's Gesicht zc. Doch die Wahrheit auf die Fragen schmeichelt einem Hannas nicht, und die Unschuld wird geschlagen — Jesus in das Angesicht. —

Nach Emporrollen des Vorhanges der Mittelbühne erscheint

Annas auf dem Balkon seines Hauses mit Einigen seines Ge-
folges, erwartungsvoll nach Kunde, ob der Plan gelungen. Er
freuet sich und preißt die Stunde als eine glückliche, wo ihm die
Nachricht von der Gefangennahme Jesu zu Theil geworden.
Dem Judas, welcher mit Mehreren voraufgegangen, unter dem
Balkon erscheint, ruft er zu, sein Name solle für ewige Zeiten
in den Jahrbüchern der Juden oben an stehen. Inzwischen fängt
Judas an, die Verantwortlichkeit zu fürchten und will eine Be-
rufung einlegen, daß er an dem, was Christo zugefügt werden
möchte, keine Schuld habe. „Ich will nicht für sein Blut verantwortlich sein,“ spricht er. Allein er erhält keine andere Antwort, als: er ist in unserer Gewalt. — Von fern erschallt höh-
nendes Gelächter; die Kriegsknechte erscheinen mit dem gebundenen
Heiland im Grunde der Straße rechts und stoßen jenen mit
abscheulichster Brutalität vor sich her. Vor dem Palaste des hohen
Priesters hält der Zug an und einer aus demselben meldet dem
Annas Christi Ankunft; dieser befiehlt dem Diener, Christum
heraufzubringen. „Ich werde gehorchen, gnädigster Herr, hoher
Priester“ erwiedert dieser und führt Jesum auf den, für einen
solchen Empfang etwas beschränkten Balkon. Hier erfolgt nun
ein Verhör, während unten auf der Straße der rasende Pöbel
sich aufstellt und mit schadenfroher Theilnahme den Vorgang auf
dem Balkon begleitet. Sogar, daß er dem Malchus das Ohr
wieder geheilt, kommt unter den Anschuldigungen wider Jesum
vor. Da Christus nicht antwortet, wird er darüber zur Rede
gestellt, warum er nicht spreche, wenn die Obrigkeit frage. Auf
die Erwiederung: Um zu wissen, was ich lehrte, frage Jeden,
der mich hörte, erhält er den Backenstreich von einem übel dienst-
fertigen Knechte des hohen Priesters. Diese Scene entwickelt die
ganze Würde und Hoheit Christi. Ein mächtiger Schauer ergreift uns über die schmähliche Verkennung des Gottmenschen
und dessen unbesiegliche Gelassenheit und Sanftmuth. Mit Recht
hebt Devrient das sprechende und lebendige Mitspielen des Volkes
in dieser Scene hervor. Alles ist hier Bewegung und kein ein-

ziger unter dem zahlosen Haufen erscheint als ein bloß müßiger
Zuschauer, als Statist. Das ist namentlich beim Abzug Christi
der Fall, welcher inmitten des Pöbels den Gang zu Kaiphas
antritt, wohin Annas ihn sendet. Hier lös't sich auch der Menge
die Zunge, welche vorher nur mehr durch äußere Zeichen sich
am Spiele betheiligen konnte. Das Höhnen und Verwünschen
hebt von Neuem an, gruppenweise und einhellig erfolgen die
Höhnungen und man hört dieselben noch hinter der Bühne,
während der Zug unsern Augen schon lange entschwunden. Nun
erscheinen die verzagten Jünger Petrus und Johannes und folgen scheu aus weiter Ferne dem tobenden Haufen und ihrem
göttlichen Meister.

Nach dieser Scene und nunmehr vierstündigem unausge-
setztem Spiele, kündigte der Chorführer eine einstündige Pause
an, deren Ablauf durch Böllerschüsse angezeigt werden solle. Ich
verwendete, wie bereits oben gedacht, diese Muße, welche die
meisten Spieler und Gäste zur Einnahme des Mittagsbrodes be-
nutzten, zum Besuche der Bühne, wo ich die Darsteller des Christus und Judas im Zwiegespräche antraf. Beide hatten Ueber-
zieher angethan, unter denen das Spielcostüm sichtbar ward.
Wir knüpften ein Gespräch an, an welchem auch der schon gedachte Hannoversche Hofschauspieler v. Lehmann Theil nahm.
Den übrigen Theil der Pause verwendete ich zum Beschauen der
zu den lebenden Bildern verwendeten Gegenstände, als da sind:
Das Lamm im Paradiese, die Rosse vor dem Triumphwagen
Josephs in Egypten, das Hündchen Tobiä, das Schurzfell Eva's,
der Felsen Gabaon, den Wallfisch des Jonas und vieles Andere.
Nachdem ich die Genüsse, welchen Darstellende wie Zuschauende
während dieser Pause sich hingaben, und welche man aus einer
profanen Gesinnung herleiten möchte, vor mir bereits auf die
schon oben angegebene Weise gerechtfertigt hatte, kam ich noch
auf folgende Betrachtung: Wenn hoch gebildete Stadtleute, welche
bequem und im Schatten, bei angenehmer oder mindestens sehr
wohl erträglicher Temperatur nur einige Stunden einer durch

fünf Abschnitte unterbrochenen Darstellung im Schauspielhause beiwohnen, der Erfrischungen nicht entrathen zu können meinen, so wird man es auch den Zuschauern in Ober-Ammergau, welche bei brennender Sonne im Freien acht Stunden lang sitzen müssen, wohl nicht verargen dürfen, wenn sie sich Genüsse erlauben, denen bei ungünstiger Oertlichkeit nicht so unanstößig gehuldigt werden kann, als es in einer versteckten Theater-Loge möglich ist. Tadeln wir daher nicht jene braven Leute, welche im Zuschauerraume zurückgeblieben, während der Pause aus dem Quersacke oder Bündel ihren Speisevorrath hervorlangen und sich, genießend, erholen.

Lange bevor die angezeigten Böllerschüsse fielen, waren sämmtliche Zuschauer wieder auf ihren Plätzen, ein Beweis, mit welchem Interesse sie der Handlung folgten. Nachzügler, wie diejenigen, über welche aufmerksame Zuschauer sich in unsern Theatern zu ärgern pflegen, waren unter diesen 7000 Zuschauern eben so wenig zu bemerken, als das lästige Kommen und Gehen, welches in den Zuschauer-Räumen großer Bühnen während der Aufführung so häufig wahrzunehmen ist.

Die eigentliche Leidens- und Sterbegeschichte.

d) Dritte Abtheilung.

Der wieder auftretende Chor hebt die Beziehung, welche zwischen dem nun folgenden Bilde und der Verurtheilung Christi auf Grund falscher Zeugenaussagen stattfindet, hervor. Bekanntlich schrieb Königin Jezabel, um ihrem Gemahle den Weinberg des edeln Naboth zu verschaffen, im fingirten Namen des Königs an die Aeltesten der Stadt, worin Naboth wohnte, und trug ihnen auf, nichtswürdige Buben zu dingen, welche wider Naboth zeugen sollten, daß er Gott und den König gelästert, wornach man ihn zum Tode verurtheilen und steinigen solle. Auf dem uns vorgeführten Bilde erscheint Naboth knieend. Das falsche Zeugniß ist wider ihn geredet. Die Königin verdammt ihn zur

Steinigung. Ringsum hebt das Volk Steine empor, um die-
selben gegen Naboth zu werfen. In den verschiedensten Stellungen
erscheint diese Absicht ausgedrückt. Die Verse, welche der Chor
singt, schmecken etwas nach dem Liede: „Ueb' immer Treu und
Redlichkeit." Da heißt es unter Andern: „Dies ist ein treues
Bild der Welt, so geht's noch öfter heute, das arme, fromme
Lämmchen fällt dem starken Wolf zur Beute. Ihr mächt'gen
Götter dieser Welt, zum Wohl der Menschheit aufgestellt —
vergeßt bei Uebung euerer Pflicht des unsichtbaren Richters nicht."
Weit besser gefiel mir der Chorgesang zu dem nun folgenden
Bilde, welches den frommen Job darstellt, wie er von seinem
Weibe beschimpft und von seinen Freunden freventlich verurtheilt,
nach Gottes Willen geduldig ausharrt. In einem Hofe sitzt der
arme Dulder, mit Geschwüren bedeckt, auf dem Miste. Die Frau
reicht ihm, mit Ekel erfüllt, die Hand so, daß er sie nicht erreichen kann. Zur Seite stehen mit höhnender Miene die Freunde.
Jede Strophe des Chorgesanges beginnt mit den Worten: Seht,
welch' ein Mensch! Das Lied selbst führt die Vergleichung zwischen Job und Christus durch. Nachdem das Bild hinter dem
Vorhange verschwunden ist, sehen wir Christum vor Kaiphas
geführt. Dieser grimmige Mensch freut sich über das bisherige
Gelingen der Anschläge wider den Nazarener, den er schadenfroh
verhört. Es bedarf aber noch anschuldigender Zeugen. Kaiphas
läßt deren zwei auftreten. Dieselben weichen bei ihren Aussagen
darin von einander ab, daß der eine gehört haben will, Christus
habe gesagt: Ich will den Tempel, der andere aber, ich will
diesen Tempel zerstören und in drei Tagen wieder aufbauen.
Mit jüdischer Rechthaberei gerathen die Zeugen in heftige Er-
zürnung gegen einander und widersprechen sich. Das thut jedoch
dem Urtheile keinen Eintrag, denn Alle sind, der Widersprache
ungeachtet, darin einig, daß Christus sterben soll. Das festzu-
stellen war der Zweck dieses vorläufigen Verhöres. Unbeschreiblich rührend ist die schweigende Hoheit und Würde des Menschensohnes. Nur so von der Hölle verblendete Menschen, wie

130

diese Versammlung vereinigt, können fühllos sein wider dieses stumme, aber Ehrfurcht gebietende Dulden des Heilandes. Aber gerade diese göttliche Ruhe und Gelassenheit bringt die Bösewichter außer sich. Ein Jeder für sich erhebt sich von seinem Platze und tritt vor Jesum, um ihm eine Abscheulichkeit in das Gesicht zu sagen. Der Heiland wird wieder abgeführt und die satanischen Kriegsknechte verheißen ihm höhnisch, daß, wenn ihm auch kein Wort abgenöthigt werden könne, man ihm doch sicherlich manchen Seufzer auspressen werde. Jesus wird in die Halle des hohen Gerichtes abgeführt. Mägde zünden hier Feuer an und höhnen den armen Heiland, einander im Spotte mit den Kriegsknechten überbietend. Scheu nahen Johannes und Petrus der Halle. Johannes tritt durch die Gitterthür ein, ängstlich die Umstehenden um den geliebten Meister in's Auge fassend. Petrus bleibt unschlüssig vor der Thür, bis auch ihm Johannes Einlaß erwirkt, aber nur um zu seiner Schmach Christi Weissagung in Bezug auf die Verläugnung zu erfüllen. Zweimal ertönt ein kräftiger Hahnenschrei und eben so oft verläugnet Petrus seinen Meister. Der Eindruck ist so mächtig, daß man bei Petrus Versicherung: „Bei meiner Ehre, ich kenne diesen Menschen nicht" an das Komische dieser Betheuerungsweise gar nicht denkt. Nun ergreift Petrum die Reue. Er eilt hinaus und spricht klagend: „Ach, bester Meister, wie hab ich mich verloren! Wie tief bin ich gefallen! bester Meister, diesmal noch höre die Stimme meines bangen Herzens!" — Er kniet in tiefstem Schmerzgefühle nieder und bittet flehend: „Diese Hoffnung habe ich zu dir, du wirst mir vergeben." Er entfernt sich mit Johannes. Die Kriegsknechte setzen mit Christo ihr schändliches Spiel fort und eine Höhnung folgt der andern und überbietet ihre Vorgängerin an Abscheulichkeit. Durch nichts wird die ruhige Haltung, der sichere Adel im Benehmen Jesu erschüttert. Selbst die brutalen Stöße der Kriegsknechte, welche ihn stolpern machen wollen, überwindet er durch seine unbesiegliche Standhaftigkeit und Gelassenheit. Nach jeder gewaltsamen Ein-

wirkung auf seine Stellung erlangt er sogleich wieder das be-
wunderungswürdige Gleichmaß seiner Haltung und Bewegung. ·
Kein Ungeschick und keine Uebertreibung entweihete den Auftritt.
Bei der ganzen Scene blieb, trotz aller erniedrigenden Schmach,
der Gedanke gegenwärtig, daß hier der König des Himmels leide
und alle widrige Empfindung fiel lediglich auf die Henker zurück. Auch das scheußliche Räthselspiel, von welchem das Evangelium meldet, ward nicht erlassen. Jene Henker verbinden dem Gefesselten die Augen, schlagen ihn, speien ihn an und fragen boshaft:
wer hat dich geschlagen? In allen diesen schmachvollen Leiden erscheint Christus als erhabener Sieger. Nachdem wir so das Werk
des Verrathes geschauet und genugsam gekostet, erscheint nun der
Anstifter dieses Gräuels, von seinem Gewissen gefoltert. Judas,
von den Erregern und Theilnehmern seiner That verlassen, tritt
auf. „Wehe mir, so spricht er, ich will im Hause des Kaiphas dem
Ausgange nachforschen. Verflucht sei der Schritt, den ich gewagt!"

Das folgende Bild stellt uns mit Bezug auf Judas Selbst-
mord den meineidigen Achitophel vor. Nachdem derselbe seines
Königs Sohn Absalon zum Aufruhre wider den Vater verführt,
wird er von David verfolgt. Er eilt nach Hause und erhenkt
sich voll Verzweiflung. Das Bild zeigt uns den Erhenkten; auf
einen Tisch gestiegen, hat er sich mit einer am Balken oder am
Fenster befestigten Schnur erwürgt. Männer und Frauen im
Vordergrunde lassen entsetzt ihre starrenden Blicke auf dem Hän-
genden haften. Der Chor ziehet in seinem Gesange die Vergleichung zwischen beiden Verräthern, welche auf gleiche Art
endeten.*)

Nachdem das Bild verschwunden, erscheint der von den hef-
tigsten Gewissensqualen gefolterte Judas. „So soll, sagt er, also
ich für sein Blut verantwortlich sein? Nein das lag nicht in

---

*) Bei den Aufführungen der Passion im Jahre 1860 ist der Achitophel
hinweggefallen und an dessen Stelle der fliehende Kain gesetzt worden.
Es sind dem gemäß auch die Verse des betreffenden Gesanges verändert.

meinem Vertrage, verfluchte Synagoge! Vor die Füße will ich
euch euer Geld werfen. — Doch? Wird der Meister dadurch gerettet werden? Schon einmal machte er sich unsichtbar, vielleicht —
aber wie, das beruhigt mich nicht, noch einmal seid verflucht,
keinen Antheil will ich haben an dem unschuldigen Blute." —
Er gehet. — Jesus aber tritt auf, von den Wachen fort- und
hineingestoßen, ein Bild des tiefsten Harmes und unbegreiflich-
ster Geduld. Der fluchwürdige Hohn begleitet ihn selbst in die
Versammlung des hohen Rathes. Die Knechte wissen nur zu
gut, welch ein Gefallen der Versammlung mit einer solchen Behandlung geschieht. Der hohe Rath erklärt Jesum des Todes
schuldig. Judas stürmt herein, um das äußerste Uebel von ihm
abzuwenden. Allein der Spruch ist geschehen. Man würde aber
auch sonst auf Judas nicht gerücksichtigt haben; er ist dem Rathe
nur die ausgepreßte und dann hinweggeworfene Citrone, die
nichts mehr werth ist. Der Erregung des verzweifelnden Judas
gegenüber hat die Kälte, womit man ihn zur Ruhe verweist,
etwas tief Schneidendes und verfehlt auch nicht, den Verräther
auf's Aeußerste zu empören. "Keine Ruhe für mich! ihr habt
mich zum Verräther gemacht! Gebt die Unschuld heraus! Meine
Hände sollen rein sein." — Die Wände des Rathszimmers haben aber leichteres Gehör, als die Mitglieder des hohen Rathes.
Völlig außer sich, schleudert Judas den (gelben) Säckel, worin
er die dreißig Silberlinge aufbewahrte, den Priestern und Schriftgelehrten vor die Füße. Mit höhnischer Ehrlichkeit wollen diese
Bösewichter den einmal geschlossenen Vertrag nun auch geschlossen
bleiben lassen und lehnen die Rücknahme des Geldes ab. In
höchster Verzweiflung ruft Judas Christi Blut auf sie mit herab
und macht sie für seine That auch verantwortlich. "So sollt
denn auch ihr mit zu Grunde gehen." Er flieht wild hinaus.
Weil die dreißig Silberlinge Blutgeld sind, können dieselben
nicht angenommen werden. Es wird deßhalb Hakeldama dafür
gekauft. Voll Ungeduld, das gelassen dastehende Lamm nur
recht bald zur Schlachtbank führen zu können, beschließen die

priesterlichen Wütriche, Alles aufzubieten, um den Verurtheilten noch vor dem Feste vom Leben zu bringen. „Von nun an," spricht Jesus, „wird des Menschensohn in seiner Herrlichkeit zur Rechten des allmächtigen Vaters sitzen." Die mordtrunkene Priesterrotte dagegen jauchzt: Die ganze Welt soll von uns reden und von unserm Siege über die Galiläer." Es werden Drei aus der Versammlung an den Pilatus gesendet, um die Beschleunigung der Ausführung des Urtheiles zu erlangen. Obwohl ohne Scheu vor der schandbarsten That, die seit dem Sündenfalle begangen, haben diese Männer ein so überzartes Gewissen, daß sie besorgen, sich zu verunreinigen, wenn sie in des vornehmen Römers Haus gehen, weil er ein Heide und sein Pallast zugleich das Gerichtshaus ist. Sie bitten daher, der Landpfleger möge in den Garten hinab kommen, ihr Anliegen zu vernehmen. Der Diener des Pilatus, eine Art Page, hat die rechte Ansicht von diesen hohen Räthen, denn er wirft ihnen, nachdem sie durch ihn beschieden worden, die Bemerkung nach: „O ihr verschmitzten Schelme, die ihr Kameele verschluckt und Mücken abseiget." Höchst possierlich, aber gleichwohl nicht störend, sondern mehr naiv belustigend ist es, daß der eine der drei Abgeordneten des hohen Rathes an den Thorweg des landpflegerlichen Pallastes herantritt und mit dem gekrümmten Zeigefinger anklopft, wie an eine Stubenthür.

Nachdem die Scene vor dem Pallaste des Pilatus vorüber, erscheint eine Gegend mit Bäumen, ich meine, ein Garten, in dessen Mitte ein ziemlich hoher Baum mit vielen Aesten, aber spärlichem Laube steht. Dieß ist der Schauplatz von Judas letzten Augenblicken. Die Scene ist bis zur Furchtbarkeit entsetzlich. Der Jünger erscheint. Die Qualen der Hölle foltern ihn schon bei Leibes Leben. Wie wahnsinnig irrt er in der Gegend von Jerusalem umher. Nirgends beut sich ihm eine Stätte der Ruhe. Der ewige Wurm erfolgloser Reue nagt mit gräßlichem Zahne an seinem Herzen. „Ich kann," so ruft er verzweiflungsvoll aus, „die Folter meines Gewissens nicht länger aushalten. Er hat mich gewarnt, der Gütigste. Mein Verrath hat mich für immer von seinen Jüngern ausgeschlossen. Für mich ist keine Hoffnung, keine Verzeihung keine Rettung." Er reißt sich den Gürtel vom Leibe, erklettert mit der höchsten Energie der Leidenschaft, welche ihn fast beschwingt, im Nu den Baum in der Mitte, wobei er mit wahrhaft übermenschlicher Anstrengung die Aeste abbricht, die ihm im Wege sind, bis er denjenigen erreicht, an welchem er den Gürtel mit Sicherheit festknüpfen kann. Sodann schlingt er das andere Ende dieses Gürtels sich um den Hals. In dem Augenblicke, wo er seine Füße vom unteren Aste hinweggleiten läßt, um mittelst der Schwere seines Körpers die Schlinge würgend am Halse zusammen zu ziehen, verbirgt uns der herabfallende Vorhang den Anblick des erhenk=ten Selbstmörders. Diese ganze Scene fällt mit der Wucht ent=setzlichster Naturwahrheit dem Zuschauer aufs Herz. Der grelle Schrei der Verzweiflung zerreißt das theilnehmende Ohr und doch erhebt über allen Jammer die beruhigende Gewißheit einer ewigen Vergeltung. —

In dem lebenden Bilde, das diesem erschütternden Auf=tritte folgt, erscheinen die Landvögte des Königs Darius, wie sie in den König bringen, dem erlassenen Gesetze gemäß*), den Daniel in die Löwengrube einzuschließen, weil er vor seinem Gotte gebetet und geflehet. Dieses Bild bot am wenigsten Auszeichnendes dar. Der Chorgesang verdeutlicht die Beziehung desselben auf Chri=stum, der wie Daniel zu Babylon, vom Gesetze zum Tode ver=dammt wird, weil er den großen Bel, die Priester und den Drachen erschlagen. In ähnlicher Weise hat Christus den Haß der Priester und Schriftgelehrten erregt und soll deßhalb sterben. Er erscheint sodann in der nächsten Scene noch einmal vor dem hohen Rathe, um von Neuem verhört zu werden. Der Hergang

---

*) Dasselbe verbot bei Strafe, in die Löwengrube geworfen zu werden, an irgend einen Gott oder andere Menschen, als den König, eine Bitte zu richten.

ist ganz so angegeben wie im Evangelio. Als Christus die Frage: ob er Gottes Sohn sei, bejahet, zerreißt der hohe Priester Kaiphas sein Gewand und bricht in die Worte aus: „was brauchen wir weiter Zeugniß?" Als Gottesläſterer wird Jesus nun förmlich zum Tode verurtheilt und zu Pilatus abgeführt. Dieser erscheint mit seinem Gefolge auf dem Balcone seines Palaſtes, ein ehrlicher wohlbeleibter Ammergauer, welcher sich in der faltenreichen Toga präterta und mit dem claſſiſchen Stirnband von Gold recht stattlich ausnimmt. Unter dem Hohne des Volkes, das ihm noch vor wenigen Tagen Hosanna sang, erscheint der arme, nackte, gefesselte Heiland unter dem Balcone des römiſchen Landpflegers, welcher sich über die Beſtialität der Juden gegen ihren Landsmann mehrmals nachdrücklichſt herausläßt. Es verursacht uns gewiſſermaßen eine wohlthätige Empfindung, unter dem Wirrwarre des Haſſes, des Neides und auf die Spitze getriebenen Fanatismus eine unbetheiligte und kalt urtheilende Autorität auftreten zu sehen. Je heftiger die tobende Judenſchaft den Tod des Unschuldigen begehrt, desto zäher besteht mit schneidender Ruhe der Landpfleger auf dem Verlangen, daß ihm Thatsachen zur Beurtheilung vorgelegt werden möchten. Vergeblich suchen die Juden den Römer durch das Geschrei aufzubringen: „Er iſt ein Feind des Kaiſers, denn er verweigert die Abgaben." — Faſt spöttiſch sieht Pilatus auf dieses jüdiſche Gewirre herab, da er erkennt, daß die Anklage unbegründet ist und er sich im Besitze der Macht weiß, der Steuerverweigerung mit einer größeren Energie entgegen treten zu können, als es seit dem glorreichen Jahre 1848 irgendwo geschehen ist, ohne die Besorgniß, daß mit den Verweigerern gleichgesinnte Geschworene einem solchen Königsfeinde durch ihr: Nicht schuldig die Straflosigkeit sichern könnten. Doch glaubt auch Pilatus, einige Fragen an Christum richten zu müssen. Dieser schweigt. Das Schweigen soll, wie die erboste Menge hierauf schreit, gerade Chriſti Schuld darthun. Es wird ihm vorgeworfen, daß er sich zum Könige der Juden habe machen wollen. Pilatus entbietet den Gefangenen zu sich auf den Balcon hinauf und heißt die Priester gehen. Er will den Unterschied zwischen dem armen gefesselten Juden, der Christus ihm ist, dem Bilde irdischer Ohnmacht und dem mächtigen Vertreter des irdischen Allmächtigen zur Anschauung bringen. In diesem Sinne wird die Frage: „Bist du der König der Juden?" mit römischem Hochmuthe und sarkastisch vorgebracht, den Gegensatz sollte die Antwort Christi: „Mein Reich ist nicht von dieser Welt" klar machen. Ein Pilatus kann natürlich Christi Sendung nicht begreifen, deßhalb seine verwunderliche Frage: Was ist Wahrheit? Für eine Persönlichkeit wie Jesus kann ein Pilatus, wie sehr er sich seiner auch anzunehmen scheint, keine eigentlich herzliche Theilnahme fassen. Deshalb spricht er auch ziemlich kalt zu den Juden: „Nehmet ihn und richtet ihn nach euerm Gesetze, ich finde nach dem meinen keine Schuld an ihm." Jene entgegnen: „Wir aber dürfen keinen zum Tode verurtheilen." Pilatus weiset die Dringenden, nachdem er gehört, daß Christus ein Galiläer und somit Herodes Unterthan ist, mit ihrem Anliegen an diesen Fürsten. Nun beginnt das Hinsenden Christi von einer Autorität zur andern. Unter der lügnerischen Maske einer Sorge für Recht, Ruhm und Volkswohl schiebt eine Stelle die Verurtheilung des Gottmenschen, der incarnirten Wahrheit, der andern zu, um den Heiland mit gemeinster Lüge als einen politischen Verbrecher enden zu lassen.

Der Ankunft Christi bei Herodes geht eine lebendes Bild voran, in welchem König David's Abgesandte an den König Hanon von Syrien, die denselben über seines Vaters Tod trösten sollten, vom Hanon dadurch beschimpft werden, daß er ihnen den Bart halb abscheeren und die Kleider halb abschneiden läßt. In dieser Höhnung ist ein Vorbild gegeben für die Kränkungen, welche Christus an Herodes Hoflager erleiden muß, wie der Chorgesang näher auseinander setzt. In der Pracht und Ueppigkeit eines Sardanapal erscheint nun dieser gekrönte Lüstling, ein stattlicher Herr, der, von seinem Hofgefolge umgeben, in der Mitte des Hintergrundes auf erhöhtem goldenen Armstuhle sitzt.

Er trägt ein gelbes Sammtkleid mit silbernem und schwarzem Besatze. Sein Haupt deckt ein reicher Turban. Vornehme Priester und Krieger sind anwesend. Als die Menge mit dem Heilande vor seinem Pallaste erscheint, läßt der Tetrarch nur die Häupter des Zuges vor sich. Er will demnächst ein Verhör mit Christo anstellen, erhält aber keine Antwort. Auch seine Bemühung, ein Wunder von demselben gewirkt zu sehen, ist vergeblich. Herodes zeigt sich hier ganz wie der blasirte Vornehme, der den Vorfall als eine Gelegenheit zu eigener Unterhaltung betrachtet und sich gnädig zu bezeigen anläßt, wenn der Mann, von welchem er so vieles Seltsame gehört, ihm ein Wunder vormachen wollte. Mit spöttelnder Geringschätzung überkleidet er seinen Verdruß darüber, daß dieser bespieene, armselige Galiläer, vor dessen geschändeter Knechtsgestalt ein weichlicher Ekel, wie entnervte Wüstlinge dergleichen beim Anblicke des Elendes zu fühlen pflegen, ihn anwandelt, ihn so gar nicht beachtet. Er quält sich, in dem Sendlinge des Pilatus nur einen einfältigen Narren, einen übergeschnappten Phantasten zu erblicken, während ihn doch ein heimliches Grauen überläuft vor der Nähe der noch ungekrönten Majestät. Er kann diesen Mann des Todes nicht schuldig finden. Damit sind die Juden übel zufrieden und thun dem Könige dar, wie Jesus mit dem, worin Herodes nur Einfalt finden will, das Volk aufregt und dadurch eine staatsgefährliche Person wird. Herodes urtheilt, daß dieses nur eine Züchtigung verdiene, wogegen die Eitelkeit, sich für einen König auszugeben, damit geahndet werden soll, daß ihm ein Königsmantel zum Hohne umgethan wird. Ein Rohrscepter und ein Spottmantel werden herbeigebracht. Dieser bloße Hohn bleibt weit hinter der rachedürstigen Erwartung der Juden zurück. Allein Herodes will weiter nichts gewähren und sendet Christum an den Pilatus zurück. Unter dem Rufe: er sterbe, er sterbe! geht der Zug ab.

Zwei lebende Bilder unterbrechen die Handlung. Im ersten erscheinen Josephs Brüder mit dessen blutbeflecktem Rocke vor dem jammernden Vater, dem sie das Mährchen vom Tode des

Bruders erzählen. Jakob ringt die Hände. Umher stehen entsetzt einige Männer und Frauen. Die große Schönheit des Bildes, welches den trostlosen Schmerz des alten Vaters sehr treffend ausdrückt, soll im Zuschauer die Beziehung auf Christi Geißlung hervorrufen.

Das folgende Bild zeigt links den Altar, auf welchem Isaak geopfert werden sollte. Der Knabe knieet bereits auf demselben. Abraham stehet zur Seite vor dem im Dornenstrauche verwickelten Widder, der statt des Isaak zum Opfer bestimmt ist. Abraham hält das Thier mit seinen Händen fest an den Hörnern. Die tiefere Beziehung dieses Vorbildes wird im Chorgesange, welcher bei der bloß äußerlichen Aehnlichkeit stehen bleibt, daß, wie der Widder unter Dornen sein Haupt hervorsehen läßt, auch Christus mit Dornen gekrönt werden soll nur leise berührt.

Die Priester, welche inzwischen das Volk aufgewiegelt haben, indem sie an ihre Vertraute den Ruf ergehen lassen: setzet Alles in Bewegung, erhitzet die Köpfe! erscheinen mit Christo vor Pilatus. Ein fanatisirter Pöbelhaufen begleitet sie. Pilatus, welcher zwar versichert: „Bei meiner Ehre, ich kann kein Verbrechen an ihm finden," fängt doch schon an, als ein Staatsmann sich in die Umstände zu fügen und zu zeigen, daß er wirklich die Wahrheit nicht inne hat. Seine anfängliche Billigkeit und Rechtlichkeit weicht einer von der Politik eingegebenen Zweizüngigkeit. Anfänglich ist darin noch das Bestreben zu erkennen, Christum zu retten. Wie kann er aber wohl, wenn es Brauch ist, zum Passah einen Verbrecher frei zu geben, den von ihm für schuldlos erkannten Heiland mit dem schändlichen Verbrecher Barrabas auf eine Linie stellen? Ausgezeichnet, wenn gleich mit gräßlicher Wahrheit dargestellt, ein Abbild mancher Gräuel-Scene aus dem Jahre 1848, wo ein Latour und Lamberg in gleicher Weise Opfer einer wahnwitzigen Volkswuth wurden, war der Auftritt, in dem das Volk Barrabam los bittet und mit erheucheltem Rechtsgefühle schreiet: Er muß sterben der Gotteslästerer, der Verächter unseres Gesetzes, ans Kreuz mit ihm! Zur offenbaren Ungerechtigkeit aber bequemt sich des Römers Politik, als er den von ihm selbst für unschuldig erklärten Christus doch geißeln läßt in der irrigen Voraussetzung, dadurch die immer höher lodernde Wuth des Volkes zu beschwichtigen. Er hat nicht erwogen, daß diese Hyäne, wenn sie erst Blut gekostet, nach mehr dürstet. Das Blut, welches der Gottmensch unter den Geißelhieben verliert, macht sie nur lüsterner darnach. Die Geißelung selber erfolgt hinter der Scene; man vernimmt nur die hörbar fallenden Schläge. Als der Vorhang der Mittelbühne aufgehet, fallen noch immer Geißelstreiche. Christus ist an der Martersäule. Er blutet und fällt zusammen. Man setzt ihn, nachdem er sich wieder aufgerafft, im Spottmantel, mit dem Rohrscepter in der Hand auf einen Schemel, der den Thron andeuten soll. Die höhnenden Barbaren, die berauschten Kriegsknechte stoßen ihn sammt dem Sitze um; der gefesselte Erlöser liegt regungslos am Boden. Brutal reißen sie ihn wieder empor und drücken ihn auf den Sitz nieder. „Setze dich," so spotten sie, „ein König soll nicht stehen." Die Dornenkrone wird herbei gebracht und dem Heilande auf das Haupt gesetzt. Nun treten vier Kerle auf, deren zwei und zwei je einen Stab an beiden Enden angefaßt halten. Diese Stäbe legen sie an zwei Stellen über die Dornenkrone und drücken gewaltsam mit denselben die Krone auf dem Haupte fest, von welchem die Blutstropfen herab rinnen. Dieser Anblick war empörend und wäre nicht auszuhalten gewesen, wenn nicht die himmlische Ergebung des an der Schlachtbank angekommenen Lammes das Gemüth gehoben hätte, so daß jene Scheußlichkeit als ein Verherrlichungsmittel dieser himmlischen Gelassenheit erschien.

Als ein Gegenstück zu dieser spöttischen Krönung erscheint nun die bildliche Darstellung, wie Joseph von Pharao hoch geehrt wird. Dieser hat seinen Günstling mit seinem Ringe begnadigt, ihn köstlich gekleidet, ihm eine goldene Kette um den Hals gethan und läßt ihn nun auch auf seinem zweiten Wagen öffentlich fahren und dabei ausrufen: „Beuget euch, denn gesetzt

hat er ihn über das ganze Land Egypten." Dieser Festzug Josephs ist in der That prächtig. Der schöne Jüngling steht in
königlicher Tracht frei auf einem von Schimmeln gezogenen Triumphwagen und hält den Scepter in der Hand. Zur Seite
gehen zwei Sclaven, welche jenen vor der Sonne beschirmen.
Voran schreitet der Herold. Jubelndes Volk begleitet den Zug.
Ausgezeichnet schön sind die Gruppen, namentlich der zahlreichen
Kinder. Dieser Anblick ist nach der Jammer=Scene, die wir eben
schauen mußten, eine Labung und richtet die Hoffnung auf
Christi eigenen künftigen Triumph wieder auf, die über den
grauenvollen letzten Auftritt schier verschwinden wollte. Sehr
ansprechend ist es, wenn wir den Chor, welcher den Ausruf:
„Welch ein Mensch!" abwechselnd auf Joseph und Jesus be-
ziehet, in den Huldigungs=Jubel des egyptischen Volkes einstimmen hören. Mit minderm Schmerze gedenken wir dann der Verspottung des Heilandes, auf welche der Chor zwischendurch hin-
weist, weil uns Joseph's vorbildlicher Triumph den endlichen
freudenreichen Ausgang in Aussicht erhält.

Gleich erhebend wirkt das nun folgende Bild, in welchem
die Vorschrift Jehovah's erfüllt erscheint, welche geboten hatte,
Aaron solle zwei Böcke nehmen und über dieselben zwei Loose
in die Urne werfen, eins für Jehovah und eins für Azazel.
Der Bock, auf welchem das Loos für Jehovah gefallen, soll von
Aaron zum Sündopfer geopfert, der Bock dagegen, auf welchen
das Loos für Azazel herausgekommen, lebendig vor Jehovah
gestellt werden, um ihn zu versöhnen und dann soll man denselben für Azazel in die Wüste entlassen. Auf dem Bilde nun
zeigt sich ein Altar, vor welchem Moses im Gebete kniet.
Seitwärts liegt ein blutender Bock, von Aaron geschlachtet. Rings
umher steht das Volk. Auf eine treffende Art deutet der Chorgesang das Bild auf Jesum und Barrabam, von denen der
erste gleichfalls durch den Hohenpriester hingeopfert, der zweite
aber entlassen wird. Diesem Bilde ist ein doppelter Chorgesang
zugesellt. Der Chor auf dem Proscenium (die s. g. Schutz=

geifter) hebt nämlich einen Wechfelgefang mit dem jüdifchen Volke an, welcher durch einen hinter der Scene aufgeftellten mithin unfichtbaren Chor dargeftellt wird. Als Probe gebe ich diefen Gefang:

Chor: Ich höre fchon ein Mordgefchrei.

Volk: Barrabas fei von Banden frei!

Chor: Mein Jefus fei von Banden frei!
Wild tönet, ach! der Mörder Stimm.

Volk: An's Kreuz mit ihm, an's Kreuz mit ihm!

Chor: Ach feht ihn an, ach feht ihn an!
Was er Böfes wohl gethan!

Volk: Entläß'ft du diefen Böfewicht,
Dann bift des Kaifers Freund du nicht.

Chor: Jerufalem, Jerufalem!
Das Blut des Sohnes rächet noch an euch der Herr.

Volk: Es falle über uns und unfre Kinder her!

Chor: Es komme über euch und eure Kinder!

Diefem Bilde folgt eine höchft bewegte Scene. Wie unfinnig vor Furcht, der Landpfleger werde Chrifti Hinrichtung nicht zugeben, laufen die Mitglieder des hohen Rathes in Jerufalem umher, um die Wuth des Volkes gegen feinen angeblichen Feind zu entflammen und durch die Gewalt des Aufruhrs den Pilatus zu bewegen, ihnen den Willen zu thun. Die Stimme des Kaiphas dringt immer durch den größten Tumult durch. Ueberall agitirt er. Allenthalben fiehet man fein mit blitzenden Edelfteinen befetztes fcharlachrothes Prieftergewand und die hohe Mitra mit den flügelförmigen Anfätzen durch die Menge hin fich ruhelos bewegen. Die Aufregung gelingt ihnen auch. Die Entwickelung diefes Straßenaufruhrs ift ganz vortrefflich abgeftuft. In den Seitenftraßen beginnt derfelbe. In der Mittelbühne fchwillt er immer tumultuarifcher an. Jetzt ftürmt er heraus und nimmt im Nu die ganze Vorderbühne ein. Pilatus mit feinem Gefolge fteht auf dem Balkon feines Pallaftes. Vor ihm auf der Straße fteht Jefus. Als nun Pilatus dem Volke

ben bornengekrönten und gegeißelten Judenkönig zeigt und durch
diesen kläglichen Anblick der Volkswuth die gewünschte Genugthuung verschafft zu haben vermeint, muß er sich empfindlich getäuscht sehen. Denn keineswegs findet er die lärmend und Wuth
schnaubend unter seinem Balkon tobende Menge zufrieden gestellt,
sondern diese verlangt noch dringlicher und heftiger als früher
das Opfer des Todes Jesu. Die friedlichen Ober-Ammergauer,
von welchen wohl keiner den Gräuel-Scenen, welche das Jahr
1848 in so vielen großen Städten hervorrief, beigewohnt und
dieselben aus eigener Anschauung kennen gelernt haben mag,
hatten durch hellsehenden Instinkt die Natur solcher Scenen, das
eigenthümliche Leben und Colorit solcher Volksaufläufe und der
darin Statt findenden Scheußlichkeiten grausenhaft richtig getroffen. Kein eigentliches Theater kann eine so naturgemäße
Darstellung solcher Scenen liefern, als diese Söhne einer stillen
Natur uns sehen ließen. Dabei war aber durchaus das ästheti-
sche Interesse gewahrt, obwohl bei dergleichen Darstellungen der
moralische Widerwille durch die Kunst der Spieler wenig ge-
mildert wird. „Keinen Antheil soll er haben an Abraham,
Isaak und Jakob. Barrabas sei frei!" so sprechen die Priester
zur Menge und spornen deren Wuth. Von wildem Getöse erschüttert, entbietet Pilatus Christum zu einem geheimen Verhöre vor sich. Der Römer wird an diesem für ihn so armse-
ligen Juden ganz irre. Wie kläglich und verachtenswerth derselbe ihm auch scheinen mag, sucht er doch noch den Schein aufrecht zu erhalten, daß er auch dem elendesten der seiner Land-
pflege anvertrauten Unterthanen Gerechtigkeit zu erweisen willig
sei und macht noch einmal den Versuch, Christum vor dem
Volke zu entschuldigen. Allein ohne großer Seelenkenner zu
sein, muß er aus den Mienen, den Geberden und der ganzen
Haltung des Volkes die Ueberzeugung gewinnen, daß dasselbe
ihn für einen Anhänger seines Todfeindes hält. Vortrefflich werden diese und andere unlautere Gedanken der Menge in dieser
Scene durch stummes Spiel anschaulich. Dennoch weist Pilatus

die Schreier ab und gebietet, den berüchtigten Barrabas herbei-
zubringen. Eine kurze, zur Erholung dienende Scene zeigt uns
hiernächst die Mutter Gottes in Gesellschaft Magdalenens, Jo-
hannis und anderer Freunde. Unaussprechlich und unwidersteh-
lich ist der Zug im Herzen, welcher die Schmerzensmutter dem
Sohne nachtreibt. Dasjenige, was ihr das Leben theuer machte,
erblickt sie in der Hand des Todfeindes, der es herauszugeben
durchaus geweigert. Sie drückt aus, wie sie der Schmerz ob der
Unmöglichkeit zerreißt, ihr Theuerstes nicht retten zu können.
Wie ein Traum verschwindet dieser kurze Zwischenauftritt, hinweggedrängt von dem Mordgeschrei des von Neuem unter Pilatus Balkone erscheinenden Volkes. In dem Verhöre, welches
Pilatus nun mit Christo vornimmt, wird Pilatus dadurch
mächtig erschüttert, daß Christus ihm, dem in Palästina allmächtigen Landpfleger, seine Ohnmacht vorhält. Die jammer-
volle Erscheinung dieses auf seinen Befehl schon gegeißelten Juden
wagt es, auf die Engel hinzuweisen, die ihm zu Gebote stehen,
während dem Römer nur Söldlinge und Knechte zu Willen sein
mögen. Dringlicher und lauter erschallt der Juden mordgieriges
Geschrei. Barrabas, eine scheußliche, verruchte Gestalt, ein er-
grauter Bösewicht mit einem von der Sünde gebrandmarkten
Antlitze, eine meisterhaft passende Figur, wird vorgeführt; eine
Persönlichkeit, deren bloßer Anblick schon den todeswürdigen Verbrecher erkennen läßt, der alle mitleidigen Empfindungen sofort
erstarren macht.*) Gleichwohl verlangen die mit unersättlichem
Durste nach Christi Blute lechzenden Juden, welche theilweis mit
Mühe den Abscheu vor diesem Bösewicht überwinden müssen,
stürmisch die Begnadigung desselben. Obwohl er nochmals der

---

*) Der Berichterstatter der Tyroler Zeitung (S. 206 u. 242 bei Deu-
tinger) meldet, dieser Barrabas sei ein bereits 82jähriger Mann und
habe von Jugend auf den Barrabas gespielt. Er fürchtete, dieses Mal
nicht mehr zugelassen zu werden. Er kam nur noch für dieses Jahr
bittend ein. Künftig wolle er verzichten.

Unschuld Christi Zeugniß geben muß, willfahrt der wankelmü-
thige Heide, dem Egoismus und Politik das Gewissen gebunden
halten, dem wüthenden Verlangen der Menge. Er gibt Barrabam frei, welcher wie ein böser Geist bei der Morgenluft sich
eilends davon macht, und verurtheilt Christum zum Tode. Das
Urtheil wird im altfränkischen Curialstyl sogleich von einem Ge-
heimschreiber des Pilatus schriftlich auf dem Balkone selbst aus-
gefertigt, mit aller Feierlichkeit durch Vorlesen herab verkündigt.
Der Stab wird gebrochen und dem Heilande vor die Füße geworfen. Der verblendete Römer, welcher eben das schändliche
Urtheil gefällt hat, läßt Wasser bringen und wäscht seine Hände
vermeintlich in Unschuld. Während der ganzen Scene liegen die
beiden Schächer, ein Paar kaum minder, als Barrabas, ab-
scheuliche Kerle, gebunden auf der Erde. Das Volk zieht, wie
berauscht, in seiner Mordlust unter dem Rufe: „Es lebe unser
Statthalter Pontius Pilatus" von der Bühne ab, welche nun
wieder einigen lebenden Bildern gewidmet wird. Rührend an-
zusehen ist, wie im ersten der zum Opfer bestimmte Knabe
Isaak mit dem Holze, auf welchem er verbrannt werden soll,
beladen, den Berg hinansteigt. Der alte Vater führt den Liebling seines Herzens. Der Chorgesang verdeutlicht die leicht zu
findende Beziehung auf Christum durch die Worte: „Wie das
Opferholz getragen Isaak selbst auf Moria, wanket mit dem
Kreuz beladen Jesus hin nach Golgatha." Das andere Bild
veranschaulicht, wie Moses in der Wüste die aus Erz gegossene
Schlange auf einem Querholze erhöht. „Angenagelt wird erhöht an dem Kreuz der Menschensohn. Hier an Mosis Schlange
sehet ihr des Kreuzes Vorbild schon." Im dritten Bilde erblicken wir abermals die Schlange am Kreuze. Moses steht unweit derselben und zeigt darauf hin. Neben ihm bemerkt man
Aaron. Vieles Volk stehet und knieet umher. Alle schauen nach
dem ehernen Zeichen. Dieser Anblick soll sie von dem Bisse der
feurigen Schlangen, der sie verletzte, heilen. Die Gebissenen
liegen in ihrem Schmerze am Boden. Der Chor hebt die Aehn-

lichkeit des Heiles hervor, welches von der Schlange am Quer-holze und von dem Heilande am Kreuze ausgeht.

Nun folgt eine tief schmerzende Scene. Von ferne schon hört man den Zug, welcher sich nach Golgatha bewegt, heran-nahen. Voraus geht das römische Labarum mit dem Haupt-manne zu Pferde. Der Zug kömmt mit dem Kreuz tragenden Christus langsam die Straße rechter Hand herab. Ehe die Spitze desselben sichtbar wird, tritt aus der, eine mit Bäumen bewachsene Gegend vorstellenden Mittelbühne Simon von Cyrene heraus. Er trägt einen Gärtnerkorb und wendet Blick, Ohr und Gang dem fernen Getöse zu. Nachdem er den Grund ermittelt, stellt er sich zur Seite, um den Zug vorbei zu lassen. Die hei-ligen Frauen erscheinen in der Straße links klagend und schmerz-lich bewegt. Ein römischer Offizier, der das mit der Inschrift Senatus Populusque Romanus versehene Feldzeichen, eine Art Standarte, in der Hand und auf den Steigbügel gesetzt, führt, erscheint zu Roß. Hinter ihm schleppt Christus mühsam das große schwere Kreuz. Vier Henkersknechte in scharlachrothen kurzen Beinkleidern mit weit zurückgestreiften Hemdärmeln um-geben ihn. Die Schächer mit ihren Kreuzen folgen. An diese schließen sich Soldaten, Priester, Volk. Die eigenthümliche Ein-richtung der Bühne macht es möglich, daß durch das Zeigen besonderer Vorgänge in jeder der drei Hauptabtheilungen eine mannichfaltige Ansicht über die Zustände der Stadt gewonnen wird. Unsere vorzügliche Aufmerksamkeit wendet sich dem der Kreuzeslast erliegenden Heilande zu. Er schleppt sich mühsam hin, ein erbarmungswürdiger Anblick. Selbst die Dornenkrone ist ihm nicht abgenommen. Schwer drückt das Kreuz dieselbe gegen den Kopf. Allein die physische Qual, welche die Miß-handlungen der Henker noch erhöhen, ist nur ein Theil der un-säglichen Leiden, die schon vor der Kreuzigung den Gottmenschen umringen. Das Schelten und die Rohheit der Kriegsknechte, die höhnischen Verwünschungen des Volkes gegen das Ideal der Unschuld, welches (wie Devrient trefflich bemerkt) von Allem,

was menſchlich heißt, durch dieſen Schwall von Leidenſchaft, Verblendung und elender Schwäche förmlich aus dem Erdenleben
hinweggedrängt wird, legen ſich wie ſchwerſte Laſten auf die
Seele des Fleiſch gewordenen Wortes. Der Heiland ſtürzt, von
der Wucht der Leiden, die auf ihn ſich häufen, herabgedrückt,
nieder. Die Henker ergreifen den nichts ahnenden Simon, reißen
ihn unter das Kreuz, heißen es ihn tragen helfen und der Zug
mit dem wieder emporgerichteten Heilande bewegt ſich weiter.
„Ihr Töchter von Jeruſalem (ſpricht Jeſus zu den Weibern,
welche ihre Kinder auf den Armen halten, und über den Jammer, der ſich ihren Augen darſtellt, weinen) ihr Töchter von
Jeruſalem, weinet nicht über mich, ſondern weinet über euch
ſelbſt und über eure Kinder.“ Der aus der Straße rechts her-
vorgekommene Zug biegt in die Mittelbühne ein. Das Volk
ſetzt ſein Geſchrei fort. Rechts durch die Straße ſieht man die
Mutter Jeſu, geſtützt durch Johannes und die andern Marien
herabkommen. Dieſe ſtill aber tief trauernde heilige Genoſſen-
ſchaft hält auf der Vorbühne inne. Maria beginnt um ihren
Sohn ihr Leid auszuſprechen. Magdalena ſtimmt ein in ihre
Klagen. Johannes tröſtet ſie. Nun ſchreitet dieſes Trauerge-
folge in ſchweigender, herzzerreißender Trauer von fern dem
fürchterlichen Aufzuge nach.

Der Chor tritt auf. Er hat ſeine bunten Farben abge-
legt und Trauergewänder angethan. Die Form der Kleidung iſt
nicht verändert, ſondern nur die Farbe. Die weiße allein iſt
geblieben. Stirnband mit Kreuz, Mantel, Gürtel, Sandalen
ſind ſchwarz oder vielmehr ſchwarzgrau. Dieſe Uniformität der
Trauer an der Stelle der freundlichen Regenbogenfarben iſt von
einer überraſchenden Wirkſamkeit. Der Chorführer hält dieſes
Mal, von der Muſik angemeſſen begleitet, ſeinen Vortrag redend
in einer Art Recitativ. Dieſe Anrede lautet alſo: „Auf, fromme
Seelen, auf und gehet von Reue, Schmerz und Dank durch-
glühet mit mir zum Golgatha und ſehet, was hier zu eurem
Heil geſchieht. Dort ſtirbt der Mittler zwiſchen Gott und dem

Sünder den Versöhnungstod. Ach, nackt, von Wunden nur bekleidet, liegt er hier bald am Kreuz für Dich. Die Rache der
Gottlosen weidet an seiner Blöße frevelnd sich und er, der Dich,
o Sünder liebt — schweigt, leidet, duldet und vergiebt. Ich
höre schon seine Glieder krachen, die man aus den Gelenken zerrt.
Wem soll's das Herz nicht beben machen, wenn er den Streich
des Hammers hört, der schmetternd, ach durch Hand und Fuß
grausame Nägel treiben muß." — Während dieser Worte dröh-
nen Hammerschläge hinter dem Vorhange her an unser Ohr,
ein entsetzlicher Klang. Die Art, wie sich nun die Rede des
Sprechers in wirklichen Gesang verwandelt, finde ich mit Devrient fein gefühlt. Die Worte des Gesanges sind folgende:
„Auf fromme Seelen, naht dem Lamme, das sich für uns freiwillig schenkt. Betrachtet es am Kreuzesstamme, sehet zwischen
Mördern aufgehängt, gibt Gottes Sohn sein Blut, und ihr gebt
keine Thräne ihm dafür? Selbst seinen Mördern zu vergeben,
hört man ihn gleich zum Vater flehn, und bald, bald endigt er
sein Leben, damit wir ewigem Tod entgehn. Durch seine Seite
bringt ein Speer und öffnet uns sein Herz noch mehr. Wer
kann die hohe Liebe fassen, die bis zum Tode liebt und statt
der Mörder Schaar zu hassen, noch segnend ihr vergibt. O
bringet dieser Liebe nur fromme Herzenstriebe am Kreuzaltar
zum Opfer dar." —

Während der Chor sich entfernt, steigt der Vorhang. Die
Schächer sind bereits mit Stricken an die schon aufrecht stehenden Kreuze befestigt, wobei die Arme über die Querbalken zu-
rückgebogen erscheinen. Das große Kreuz, auf welchem Christus
festgenagelt ist, liegt noch am Boden, aber etwas schräg, so daß
das Kopfende höher gestellt sich zeigt, als der Fuß. Man erblickt den Gekreuzigten in der Verkürzung liegend. Um die Schä-
delstätte drängen sich Kriegsknechte, Priester und neugieriges
Volk. Ein Bote des Pilatus bringt die Inschrift, in welcher
der Landpfleger noch eine Art politischen Coups geltend machen
will. Die Priester hatten nicht gewollt, daß der Gerichtete als

10*

König der Juden bezeichnet würde. Allein der Landpfleger läßt ihnen hier vor allem Volke zu wissen thun: was ich geschrieben habe, ist geschrieben. Nun wird das Kreuz aufgerichtet, ein beklemmender, aber doch so erhebender Anblick, und sodann am Boden festgekeilt. Nimmer hat ein von der plastischen oder zeichnenden Kunst auch noch so trefflich gebildeter Erlöser am Kreuze den mächtigen, Athem zurückdrängenden Eindruck auf mich gemacht, wie dieses lebendige Crucifix. Selbst ein Devrient muß die Gestalt wahrhaft schön finden und kann nicht umhin, zu bemerken, wie dieselbe mit den ausgebreiteten Armen und dem gesenkten Haupte die rührendste Wirkung hervorbringt. Diesem vortrefflichen Beobachter stimme ich auch darin bei, daß man sich durch das unmittelbare dramatische Leben, welches uns von der Bühne entgegensieht, um mehr als 1800 Jahre zurück und geradezu nach Jerusalem in das volle Mitgefühl mit denen, die dort unter dem Kreuze stehen, versetzt findet. Schon der bloße Gegenstand an und für sich muß jedes menschliche Herz bewegen, abgesehen von der Theilnahme, die seine religiöse Bedeutung erregt. Es stehen viele von denen, die am Palmsonntage Hosannah mitgerufen, unter dem Volke und erscheinen von Theilnahme weniger ergriffen. Am brutalsten aber zeigen sich die Kriegsknechte, welche, noch ehe der Heiland verschieden ist, unter dem Kreuze seine Kleider vertheilen und auf die Erde gelagert, am Boden um den ungenäheten Rock würfeln, nachdem sie mit dem Schwerte den Mantel zerschnitten haben. Die sieben Worte Christi ertönen in hochfeierlichster Weise vom Kreuze herab, unterbrochen von dem rasenden Spotte, der von allen Seiten zu ihm emporsteigt. Sie fallen uns mit einer entsetzlichen Schwere in die Seele. Da die Füße des Gekreuzigten fast in Manneshöhe vom Erdboden sich befinden, so ragt das Kreuz, das sicherlich 16 Schuhe hoch ist, weit über die Menge empor, und der Anblick Christi wird trotz des Gewimmels vor dem Kreuze keinen Augenblick verhindert. Der Leidende vergibt den höhnenden Feinden und verheißt dem guten Schächer das Paradies. Vor dem Verscheiden treten die Mutter des Heilandes, die reuige Magdalene und Johannes, während die Menge mehr den Hintergrund einnimmt, an das Kreuz heran. Magdalene kniet am Fuße desselben nieder und lehnt das leidensmüde Haupt mit dem aufgelösten blonden Haare gegen den Stamm, der ihren Geliebten trägt. Johannes schauet zu dem Bilde des Leidens empor, die gefalteten Hände abwärts ringend. Die Jungfrau Maria wird von den heiligen Frauen gestützt. Unaussprechlich rührend ist die Stiftung des Bundes, welchen der Sterbende vom hohen Kreuze herab zwischen seiner Mutter und dem ihr zum Sohne gegebenen Lieblingsjünger stiftet. Dem durstenden Dulder wird von einem mitleidigen Kriegsknechte der mit Essig getränkte Schwamm am Ende eines Rohres befestigt, zum Munde hinaufgereicht. Nach dem Rufe: „Eli Lama Sabachtani" neigt der Gemarterte das Haupt nach der rechten Schulter hinab und stirbt. Rollende Donner tönen aus der Erde Tiefen empor, welche vor Jammer erzittert und deren Antlitz mit dem Schleier der Finsterniß bedeckt wird, um das Schreckliche, das sich begeben, der Menschen und des Himmels Anblicke zu entziehen. Bleich und entsetzt stürzt ein Tempeldiener auf die Bühne und meldet, vom Laufe athemlos, wie der Vorhang vor dem Allerheiligsten im Tempel von Oben bis Unten zerrissen ist. An erhabenem und doch die Grenzen der Schönheit innehaltendem Schmerze habe ich nichts dieser Scene Gleichendes geschaut. Die Würde des Gottessohnes wurde auf keiner Stufe der Leiden, die er am Kreuze zu erdulden hatte, auch nur im Leisesten unterbrochen oder geschwächt. Die ganze, von der Aufrichtung des Kreuzes an wohl acht bis zehn Minuten dauernde Scene bis zum letzten Sinken des wahrhaft heilig dargestellten Hauptes, war eine Kette von Momenten der allertiefsten Rührung und höchst erhebender Weihe. Von diesem Kreuze, an welchem das allerbitterste Erdenleiden sich vollbrachte, ging eine Majestät aus, welche in keinem Augenblicke die Gegenwart des Gedankens: daß hier ein die ganze Menschheit angehender Act vollzogen ward, in

welchem die göttliche Liebe wie nie zuvor auf Erden sich offenbart hat, vermissen ließ. Namentlich war dieses Bewußtsein in
den Personen lebendig, welche die nächste Umgebung des Kreuzes bildeten. Marien ging ein Schwert des Schmerzes durch
ihr Mutterherz. Gleich bewegt war die kleine Gesellschaft der
Freunde und offen bekannte der erschütterte und plötzlich bekehrte
Centurio, daß der Gestorbene wahrhaft Gottes Sohn sei. Wenn
Devrient bei dem selbst von der Natur gefeierten Momente des
Abscheidens Christi aus dem Erdenleben nicht genug Staunen
und Schrecken unter der Menge wahrzunehmen sich wundert,
hierin auch einen Fehler erkennen möchte, so finde ich in der
geringen Bewegung, welche diese Scene bei den Verblendeten
hervorbringt, gerade einen vortrefflichen Maaßstab für die Tiefe
ihrer Verblendung. Denn während die heiligen Gefreundeten bei
der Mittrauer der Natur dem tiefsten Schmerze anheimgegeben
sind, den ein menschliches Herz fassen kann, erholt sich die von
den Priestern fanatisirte Menge von dem leichten Schrecken, der
sie bei keineswegs unbekannten Naturerscheinungen angewandelt
hatte, leicht, setzt ihren Unglauben hartnäckig fort und zeigt, wie
der heilige Geist vergeblich zu ihr gesprochen, indem sie, als
wäre nichts eben Besonderes vorgefallen, nur die freveln Worte
hat: das that seine Zauberei, es ist gut, daß er aus der Welt
ist, sonst würde er noch alle Elemente beunruhigen. Deßhalb
hat es mich auch gar nicht gestört, daß Kaiphas sich lächerlich
macht, indem er den Tod des Gekreuzigten kaum erwarten kann
und bei jedem Worte des Herrn immer wieder ungeduldig und
verwundert ausruft: „Er hat noch immer Kräfte!"

Aus den Tiefen heiliger Trauer werden wir bald wieder
durch die Brutalität der Henkersknechte emporgerissen, welche die
Leitern hinansteigen, mit gewaltigen Kolben den noch lebenden
Schächern die Brust einschlagen, ein gräßlicher Laut! Sie neh=
men die abgeknüpften Leichen ohne Umstände über die Schultern
und schleppen dieselben schonungslos und aller Gefühle bar
hinter die Scene. Die Henkersknechte sind recht angemessen co-

kümlrt. Sie tragen scharlachrothe Beinkleider. Den Obertheil
des Leibes bedeckt ein kurzes weißes Hemd. Um den Kopf haben
sie eine weiße Binde geschlungen. Wildheit und Gefühllosigkeit
schauen aus ihren Mienen. Ihr bloßer Anblick macht schon die Vorstellung grauenhaft, daß sie auch zu Jesum gehen und an ihm
das Gleiche vollziehen möchten, das sie den Schächern gethan.
Der Centurio überhebt sie des gräßlichen Geschäftes. Wie von
einem heiligen Instinkte getrieben, erfüllt er eine alte Weissagung, indem er unter dem Jammern der Jungfrau mit der Lanze
Christi Seite öffnet, aus welcher nur eben so viel Blut herab-
fließt, um die Zuschauer von der Anwesenheit der Wunde zu
überzeugen. Die Henkersknechte, von Christi Tod nun verge-
wissert, verschonen den heiligen Leichnam mit der Berührung
durch ihre Hände. Sie verlassen die Bühne, welche inzwischen
auch vom Volke sich allmählich leert. Unbeschreiblich rührend war
die nun in dieser Stille vorgenommene Abnahme vom Kreuze.
Nicodemus und Joseph von Arimathia sind bei derselben vorzugsweise thätig. Sie, wie alle Uebrigen thun Alles so vorsich-
tig und schonend, als fürchteten sie dem Heilande durch unsanfte
Berührung Schmerzen zu verursachen. Sie sind von aller der
Liebe und Ehrerbietung gegen den edeln Leib durchdrungen, welche
sie gegen den Heiligen der Heiligen in seinem Leben gefühlt
hatten. Alle Anwesende sehen mit unverwandten Blicken zum
Kreuze hinauf und begleiten jede beim Abtrennen vom Kreuze
erfolgende Bewegung des heil. Leibes theils mit Emporhebung
der Arme, theils mit Thränen oder Gebärden des Schmerzes
und der Sorge. Der Hergang ist folgender: Gegen die Rückseite des Kreuzes wird eine Leiter gelehnt. Nicodemus steigt mit
einem Stücke zusammengerollter Leinwand empor, die er, oben
angekommen, auseinander fallen läßt. Er schlägt die Leinwand
um die Brust Christi und läßt die Enden rückwärts auf die
Kreuzesarme herunterfallen, so daß beide Enden auf die Erde
herabreichen. Jedes Ende nimmt einer der unten stehenden
Männer in die Hand. An einer vorn ans Kreuz gelegten Leiter

steigt Joseph von Arimathia zum Kreuze hinauf, den Zuschauern
den Rücken zuwendend. Er hatte den Befehl des Pilatus über-
bracht, daß ihm der Leichnam Jesu übergeben werden solle. Von
der Leiter aus werden mit einem Hammer die hinten aus den
Kreuzesarmen hervorragenden Spitzen der Nägel, womit die
Hände am Kreuze festgehalten werden. Die Arme lösen sich,
nachdem die Nägel aus den Händen entfernt sind, vom Kreuze
ab. Langsam und leise werden sie, wie sie niedersinken, über
Josephs von Arimathia Schultern gelegt. Die Nägel sind durch
den Hammerschlag nach vorn herausgetrieben, hörbar auf die
Erde herabgefallen. Einer der Anwesenden hebt dieselben ehr-
erbietig auf und legt sie neben der Jungfrau Maria nieder,
welche vom Schmerze ermüdet, auf einen Sitz niedergesunken ist.
Joseph hält den Gekreuzigten umfaßt und steigt, nachdem auch
die Fußnägel herausgeschlagen sind, mit der heiligen Bürde, deren oberer Theil von der Leinwand gehalten wird, in die er
herabgesunken und welche die beiden haltenden Männer leise nach-
gleiten lassen, langsam herab. So gelangt die theure mißhandelte Leiche des Erlösers vom Kreuze zur Erde hernieder. Eine
heilige Stille begleitet den ganzen lang dauernden Vorgang.
Unwillkürliche Ehrerbietung schließt den arbeitenden Männern den
Mund, denn sie sind in Ausübung einer hochheiligen Handlung
begriffen. Einander mancherlei Hilfe erweisend sprechen sie sich
nur wenige und halblaute Worte zu. Ich habe den Vorgang
ausführlicher geschildert, weil er von einer unaussprechlichen, rührenden Schönheit war. Ungetheilt zeigte sich das Mitgefühl der
Zuschauer. Eine Stille, in der man hätte eine Nadel zur Erde
niederfallen hören können, lag über diesen Tausenden von Zuschauern, welche zu fürchten schienen, durch ein freveles Geräusch
die Ruhe des Todtenschlafes des Gemarterten zu stören. Nur
halb unterdrücktes Schluchzen wagte sich hier und dort aus ge-
preßter Brust hervor. Wir haben die treuen Freunde Jesu so
lieb um der Fürsorge willen, die sie dem mißhandelten Körper
erweisen. Jede Rücksicht nehmende Schonung, jedes sorgsame

Angreifen und jede aus Ehrerbietung leise Berührung der heiligen Glieder thut uns wohl, nachdem dieselben Gegenstand so vieler Beßtialitäten haben sein müssen. Malerisch schön stand nun das leere Kreuz da mit der Leinwand, die oben vom Querbalken weit über die Mitte des Kreuzes im schönsten Faltenwurfe herabhing. Der herabgenommne Leib wird auf ein am Boden ausgebreitetes weißes Tuch so niedergelegt, daß sein Haupt im Schooße der liebenden, von tiefen Seelenleiden ergriffenen Mutter ruhet. Wunderbar beruhigend und besänftigend wirkt die nun beginnende traurige Liebesarbeit der Vorbereitung zum Begräbnisse durch Umhüllung der Leiche mit Tüchern, denen Specereien beigewickelt werden. Nachdem dieses Werk voll zarter, das Mitleid unterhaltender Wehmuth vollendet worden, tragen die Jünger und Freunde den Leichnam in die im Hintergrunde der Bühne befindliche offen stehende Felsengrotte. Vor diese wird nach erfolgter Beisetzung ein mächtiger Stein gewälzt. Zögernd fällt der Vorhang, als wolle er uns möglichst lange den Anblick des heiligen Grabes gönnen.

e. Schluß der Darstellung.

Vorüber sind nun die Leiden und es nahet der große Triumph des Siegers über den Tod. Dies nehmen wir zunächst an der bunten Bekleidung wahr, in welcher der Chor nun wieder auftritt, um von nun an ein Herold der Freude zu sein, welche durch zwei lebende Bilder vorbedeutet wird.

Im ersten erblicken wir hinten das Meer, auf welchem ein Fahrzeug dem Ufer nahet. An dasselbe speiet, aus dem Grunde auftauchend, ein mächtiger Wallfisch, in dessen Rachen man tief hinein siehet, den Propheten Jonas aus. Jesus selber hatte (Matthäus XII. 40.) sein dreitägiges Ruhen im Grabe und demnächstiges Auferstehen mit dem dreitägigen Verweilen des Propheten im Bauche des Meerungeheuers (Jonas II. 1.) verglichen.

Das andere Bild zeigt den, trocknen Fußes erfolgten Durchzug der Israeliten durch das rothe Meer und das Versinken Pharao's und seiner Wagen und Reisigen in der heranrollenden Fluth. Moses mit den Seinigen stehet bereits auf dem Ufer. Staunend schauen sie den Untergang ihrer Verfolger an. Eben so wie die Israeliten den Tod, der sie im Meere erwartete, überwanden, wird Christus den Tod besiegen und aus dem Grabe hervorgehen; seine Feinde aber werden ihren Untergang finden.

Der Vorhang erhebt sich. Wir sehen im Hintergrunde das heilige Grab von den Hütern umgeben, welche am Boden umherliegen. Ich erkannte darunter sogleich meinen Lohndiener. Die Wächter besprechen sich über das was vorgefallen ist, um was sie zu thun haben. Endlich schlafen sie ein. Es erscheint ein Engel und wälzt den Stein vom Grabe hinweg. Ein Erdbeben mit unterirdischem Donner wird wahrgenommen. Der Felsen, in welchem das Grab befindlich ist, zerspaltet sich und die Oeffnung des Grabes wird frei. Ihr schwarzer Hintergrund verändert sich, in transparentem Goldgrund in verklärter Gestalt mit einem Fähnlein in der Hand geht der Heiland daraus hervor und verschwindet alsbald wieder. Die Wächter des Grabes gerathen außer Fassung. Wie geblendet starren sie um sich her. Sie wissen nicht, wie ihnen geschehen und stürzen taumelnd nieder. Nachdem sie sich etwas erholt, ergreifen sie voll Schrecken die Flucht, um dem hohen Rathe die Kunde vom Geschehenen zu bringen. Die heiligen Frauen können daher, unbehindert durch Jene, das Grab besuchen. Ein in demselben erscheinender Engel berichtet ihnen Christi Auferstehung und den Sieg des Lichtes über Tod und Hölle. Die hohen Priester erscheinen aber alsbald mit den Wächtern und lassen sich an Ort und Stelle den Hergang beschreiben. Sie bieten Geld, damit die Lüge von den Wächtern verbreitet werde: Christi Leib sei von seinen Anhängern entwendet worden. Der eine Grabeswächter ist aber ehrlich und betheuert: Bei meiner Ehre, ich werde erzählen, wie es hergegangen. — Das Bemühen der Schleicher ist ohnehin umsonst. Selbst das Schweigen der Wächter würde den Sieg des Lichtes über die Finsterniß und die Nähe des Falles der Synagoge nicht verschleiern können. Diese Gewißheit drückt nun auch das jetzt vom Chore der Erstandenen gesungene Halleluja aus. Sie wird aber auch dem Auge offenbart, indem hinter einem aufrollenden Vorhange ein reiches, von verklärendem röthlichem Feuer angestrahltes Schlußbild, die Stiftung des neuen Bundes verherrlichend, sich darstellt. In der Mitte des Hintergrundes, auf erhöhtem Postamente, glänzt der triumphirende, in der Auferstehungs=Glorie strahlende Christus verklärt im himmlischen Lichte mit leuchtenden Wundenmalen. Zur Linken wie zur Rechten stehen in gleichem Himmelsscheine die Heiligen Christi, die Mitglieder der triumphirenden Kirche in zwei Halbkreisen, welche nach vorn geöffnet sind. Sie halten die Palme des Sieges. Vor ihnen am dunklen Boden liegen platt niedergestreckt und mit an die Erde gedrückten Angesichtern die Priester und Tempelkrämer, die Juden und Heiden von dem Strahle des Lichtes, das sie nicht schauen sollen, niedergeschmettert. Die Zucht des Geseßes ist vorüber und die Zeit der Gnade angebrochen.

Wie Devrient, welcher die Vorzüge der Darstellung dieses Passionsspieles so anerkennend und richtig zu würdigen wußte, bei diesem Schlußbilde hat kalt bleiben und äußern können, dasselbe bringe eine geringe Wirkung hervor und wie er den Eindruck für wenig genügend hat erklären können, begreife ich nicht. Ich wenigstens und, soviel ich bemerken konnte, Alle um mich her, wurden von dem imposanten Anblicke, den diese Verherrlichung der Stiftung des neuen Bundes gewährte, freudigst ergriffen. Alles Leid, alle Qual, welche so häufig beim Anblicke des leidenden, verspotteten Erlösers unser Herz geängstigt, ist rein vergessen. Willig versenken wir uns in die Freude des erschallenden Jubelliedes und kennen nur ein Gefühl, welches die Worte: Preis, Ruhm, Anbetung, Macht und Herrlichkeit sei Dir von Ewigkeit zu Ewigkeit, nur schwach ausdrücken.

Voll stiller Freude und in andächtiger Bescheidenheit und Gesittung verließ die Menge den Schauplaß. Da war kein

Drängen und Treiben oder Stoßen wahrzunehmen. Dieser so
viele Tausende umfassende Menschenstrom floß ruhig über die
grüne Wiese dahin. Dagegen war in den engen Dorfstraßen,
in welcher schon Hunderte zur Abfahrt angespannter und ihrer
Insaffen gewärtiger Wagen allerdings ohne alle polizeiliche
Ordnung standen, und immerfort, je nachdem die Ladung be-
wirkt worden war, abfuhren, ein höchst unbequemes und gefähr-
liches Gedränge. Allein dieses stand mit der Stimmung der vom
Passionsspiele heimkehrenden Zuschauer in keinerlei Zusammen-
hange, sondern war lediglich Folge der Lokalität und des Man-
gels an Aufsicht. Mit Mühe erreichten wir unser Quartier. Die
noch übrige Zeit bis zur Abfahrt benutzte ich zu einem Zwiegespräche mit den beiden Darstellern des Christus und Judas,
die ich zufällig in der Nähe meines Wirthes traf. Ich konnte
Beiden nur meine Freude und Anerkennung über das ausdrücken, was ich ihnen verdankte. Nachdem ich ihnen noch herzlichst
die Hand gedrückt, und mich vom Verleger Lang, welcher von
mir, als einem Ehrengaste, keine Bezahlung für Herberge und
Zehrung von vier Personen annehmen wollte, verabschiedet hatte,
fuhr ich mit den Meinigen die große Straße nach Ettal hinan,
welche stundenweit von den heimkehrenden Pilgern dicht über-
deckt war.

Nachdem ich im Laufe meiner Darstellung schon verschie-
bentlich angemerkt, wie das Heilige im Ober-Ammergau Paf-
sionsspiele keineswegs entweiht werde, vielmehr nur Erbauung
und gute Entschlüsse die Zuschauer erfüllen, brauche ich kaum
hinzusetzen, daß zu einem Einschreiten des engbrüstigen Polizei-
staates gegen dieses Spiel auch nicht die mindeste Veranlaß-
ung vorliegt, indem der freie kirchliche Athemzug, den das
Volk hier thut, dem Interesse des Staates nicht allein nicht
nachtheilig, sondern selbst förderlich ist. Ist das Passionsspiel
früher in Mißbräuche ausgeschlagen, so hat es sich von seiner

Entartung gänzlich erholt und scheint sogar einer noch höheren Vollendung entgegen zu gehen. Das Heilige empfängt durch dasselbe, so scheint es, eine höhere Weihe und Würde. Das ist um so wunderbarer, als wir eine Menge Personen vor uns auftreten, sprechen und handeln sehen, welche in unserer Phantasie, die sich damit von Kindheit an getragen, auch immer mehr Ideales hineinzulegen gesucht hat, als helle, heilige Gestalten leben, denen wir in der Wirklichkeit nichts Entsprechendes zur Seite zu setzen wußten. Wenn nun eine Verlebendigung dieser idealen Anschauungen uns vor das Auge tritt, und weit entfernt, mit dem Bilde in uns in einen mißlichen Contrast zu treten, uns von der Voraussetzung: es könnten die Personen, mit welchen uns das Evangelium bekannt macht, nicht von dem Geschlechte dieser Zeit ohne Frevel dargestellt werden, gründlichst heilt, auch zu Erfahrungen führt, welche keine Phantasie erreicht, so muß man diesem Bauernspiele den freudigsten Beifall zollen. Schon das bloße Vernehmen der Worte der Bibel aus dem Munde lebender und leibender Personen, welche die hochverehrten Helden der hl. Schrift darstellen, wirkt wie das Einbringen von Schlagworten. Wir glauben, wenn wir diese Apostelgestalten vor uns sich bewegen sehen und ihre Rede vernehmen, denselben schon irgendwo begegnet zu sein. Jene Schlagworte wecken, wie in der weißen Dame das Fahnenlied, die Erinnerung längst verklungener, aber lebendiger, gleichsam selbst erlebter Scenen. Man empfindet beim Ober-Ammergauer Passionsspiele deutlich, daß wenn die Ungunst der Zeiten und Verhältnisse nicht die Kunstpoesie von Behandlung der religiösen dramatischen Spiele in Deutschland abgehalten, und namentlich die Reformation, welche die kirchliche Kunst beschränkte, aufhielt und zeitweis fast vernichtete, nicht hindernd gewesen wäre, auch die, deutschen Religionsdramen eine Ausbildung hätten erhalten können, wie in Spanien, wo wir dergleichen als echte Kunstwerke zahllos antreffen. Obwohl mit reicher Dichtung umgeben, drücken diese heiligen Darstellungen der Spanier doch in der Regel den Cha-

rakter der heiligen Geschichte eben so getreu aus, als das Ober-
Ammergauer Passionsspiel. Es wäre bei besserer Pflege dieser
Spiele in Deutschland durch die wahre Kunst wohl auch ein va-
terländischer Dichter aufgestanden, der durch seinen religiösen
Enthusiasmus wie Calderon „in den geistlichen Aufzügen, die
zur Feier des Frohnleichnamsfestes bestimmt waren, das alle-
gorisch dargestellte Universum gleichsam in purpurnen Liebes-
flammen hätte glühen lassen.“

Wäre auf gleiche Weise, wie dem Spanier, einem deutschen Dramatiker die Religion seine eigentliche Liebe, das Herz
seines Herzens geworden, so würde auch er im geistlichen Schauspiele die erschütterndsten, bis in die Seele bringenden Rührun-
gen zu schaffen im Stande gewesen sein, welche schon in unserem
einfachen Bauernspiele so mächtig wirken. Einem durch den
Glauben erleuchteten Dramatiker würde das menschliche Dasein
kein düsteres Räthsel mehr sein. Seine Poesie würde ein un-
ermüdlicher Jubelhymnus auf die Herrlichkeiten der Schöpfung
und der Gnade werden. Derartige Schauspiele würden wirklich
für das ewige Seelenheil ersprießlich sein, was man ja schon
der kunstlosen Composition des Ober-Ammergauer Spieles nach-
rühmt. Man muß gestehen, schon die einfache Entwickelung dieser Passion ist eine dramatisch bewegte. Nirgends erscheinen darin
Nebensachen als vorwiegend, und bei der zuweilen trockenen Einfachheit, die sich so streng als möglich an die heil. Schrift hält,
sind alle Auswüchse der Rede glücklich zurückgehalten. Es ist
vom Texte der Evangelien viel mehr hinweggelassen, als demselben hinzugesetzt. Wie hätte nun aber schon die Handlung gehoben werden können, wenn im Pilatus und seinen Römern die
Stellung des Heidenthums zum Erlösungswerke näher dargelegt
wäre? Welche dramatische Effecte hätten mit dem Hervorheben
und Würdigen des für das Zeitalter Christi bedeutsamen Un-
glaubens und Indifferentismus des Herodes gewonnen werden
können? Um aber auch auf der andern Seite der Wahrheit die
Ehre zu geben, will ich nicht verschweigen, daß im Allgemeinen

diejenigen Rollen, welche der Fassung und dem Sinne der Spieler am Nächsten liegen und wohl aus ihrer eigenen Lebenserfahrung bekannt geworden und zu eigner Anschauung gelangt sind, weit besser dargestellt erschienen, als diejenigen, welche der eigenen Beobachtung weiter entrückt sind und deren Handeln ein höheres Ideal zur Wirklichkeit zu bringen sucht. Sehr Vieles hat übrigens, um die im Jahre 1850 mit Rollen bedachten Personen in den rechten Geist einzuführen, in welchem die Darstellung erfolgen muß, der fleißig in Ober-Ammergau gelesene Aufsatz über das Passionsspiel von 1840 von Guido Görres beigetragen, wie der Pfarrer Daisenberger ausdrücklich bezeugt. Die dunkeln Parthieen der menschlichen Natur waren aus vorhin gedachtem Grunde mit weit mehr Glück aufgefaßt und wiedergegeben, als deren Lichtseiten. Judas, die beiden Hohenpriester, die Schacherer, das verblendete Volk, sind den Darstellern weit besser gelungen, als die Vorführung von Charakteren wie: Johannes*), Magdalene und der Jungfrau Maria, in denen eine besondere Hoheit und eine, jede Einzelnheit adelnde, heilige Gesinnung hervortreten muß. Der Petrus dagegen war im Ganzen wohlgerathen. Was aber den Christus anbelangt, so wird schon aus meiner bisherigen Erzählung abzunehmen sein, daß der Spieler mit heiligem Ernste und Eifer die bedenkliche Aufgabe: den Gottmenschen in seiner Darstellung leiben und leben zu lassen, ergriffen und auf gelungene Weise gelöst hat. Wie er niemals gegen den höhern Anstand, den ihm seine Rolle zur Pflicht macht, verstoßen, habe ich beiläufig mehrmals bemerkt. Seine Würde blieb von seinem ersten Auftreten an durch alle einzelnen Auftritte hindurch bis zu seiner Verherrlichung am Schlusse beständig ungetrübt. Nie verließ ihn das Gefühl sei-

---

*) Der seitdem gestorbene Darsteller desselben war zu alt. Schon seine ältliche Physiognomie störte. Darum fehlte ihm auch, wie ein Berichterstatter (Deutinger S. 274) bemerkt, die zarte, innige Liebe, das Zuthätige und Kindliche, das vorzugsweise nur der Jugend eignet.

ner Majestät. Nicht ein Wort ist nachlässig gesprochen. Es liegt auf jedem eine höhere Weihe und wir bleiben uns stets bewußt, daß in der Person, die dargestellt wird, die Wahrheit selber spricht. Daß der Vortrag zuweilen monoton war, hat mich wenig gestört, denn die Hoheit des Menschensohnes blieb im Allgemeinen gewahrt und litt unter jenem Mangel so wenig, als unter einer mitunter falschen Emphase. Die Reinheit, der Adel, der werthevolle Anstand, welche überall das vorherrschende Element in diesem Spiele bildeten, sogen dergleichen kleinere Unvollkommenheiten so durchaus ein, daß sie nirgends der Würde und Majestät wirklichen Eintrag thaten. Fand solches der mit dem Künstlerauge schauende Devrient nicht in dem Maße, als ich, so kann er doch nicht umhin, zu bemerken: „aber seine Darstellung war nirgends dem Geiste der Liebe widersprechend, keiner unserer Vorstellungen vom Heiland anstößig, sie war ein reines, edles Gefäß, in das wir Alles, was wir vom Erlöser wissen, gedacht und geschwärmt haben, hineintragen konnten. Mehr bedurfte es nicht." —

So kann ich denn zum Schlusse nur in den gemeinsamen Refrain beinahe aller mir bekannt gewordenen öffentlichen Beurtheilungen einstimmen, welche sämmtlich die Anerkennung aussprechen, wie in Ober-Ammergau die heilige Geschichte in solcher Weise dargestellt worden, daß dadurch der eigentlichste Zweck des Passionsspieles „die religiöse Erbauung des anwesenden christlichen Volkes durch das lebhafte, dankbare Andenken an das Werk der Erlösung" möglichst vollkommen erfüllt ist.

Wie diese Erfüllung erfolgt, darüber unter Berücksichtigung des vortrefflichen Aufsatzes im Sulzbacher Kalender für katholische Christen auf das Jahr 1860 noch einige Worte.

Schon auf die Herzen der Kinder in Ober-Ammergau kann das häufige Singen der heiligen in das Spiel eingelegten Gesänge, die sie im feierlichsten Ernste und im Anblicke der Leiden des Heilandes hören, nur veredelnd wirken. Noch mehr gilt dieses von den Erwachsenen. Singen oder hören sie diese Lieder so wird ihrer Seele sofort gegenwärtig, was sie gesehen und wozu sie zur Erbauung vieler Tausende mitgewirkt haben. Eine ganze Gemeinde muß die wichtigsten evangelischen Thatsachen, Gedanken zu steter Wiederanwendung lebendig in sich tragen. Welche Fülle von Erbauungsstoff in eines jeglichen Brust! Welche mächtige Abwehr der Gedankenlosigkeit! Es ist gar nicht anders möglich, es müßen in einer Gemeinde gründliche und umfassende Religionsbegriffe verbreitet sein, von deren Angehörigen die Bedeutung des alten Testamentes so lebendig und für die Anwendung berechnet, erkannt und gewürdigt wird. Hier muß ja alles Heilige in seiner Beziehung zum Mittelpunkte alles wahren Wissens, zum Versöhnungstode des Gottmenschen erfaßt werden. Wie empfänglich muß eine solche Auffassung das Gemüth zur Aufnahme des Saamens machen, den das göttliche Wort hineinstreut? Welche Anleitung erhalten die Ober-Ammergauer zur Betrachtung der ewigen Geheimnisse der Erlösung! Fürwahr die Ober-Ammergauer haben an der Pflicht, das heilige Gelübde ihrer Vorfahren zu erfüllen, einen Schatz, um den jede christliche Gemeinde sie beneiden dürfte! Eine Bevölkerung, welche so von Jugend auf sich in's Religiöse hineinlebt, hat die beste Schutzwehr gegen die Versuchung, am Unebeln, am Bösen Freude zu finden. Sie muß schon in dem Bewußtsein sich gehoben fühlen, alle zehn Jahre, Tausenden und aber Tausenden das Wichtigste, das es auf Erden gibt, in lebendigster Weise zur Anschauung zu bringen. Sie hat gleichsam einen priesterlichen Beruf, eine Mission für viele Andere. Wie erhaben muß nicht dieses Bewußtsein wirken, da diese Bevölkerung die Liebe zur Armuth bewahrt hat und ihre geistige Auszeichnung nicht zum Gewinn zeitlicher Güter mißbrauchen will? Ist es nicht hochherzig und edelmüthig von diesem Völkchen, daß es die Fremden so liebevoll aufnimmt, so gastlich sie bewirthet, so ganz nur um einen Gotteslohn sich bemühet, sich plagt und einschränkt und wo es große Summen fordern könnte, mit Wenigem sich begnügt? Der Segen der Vorstellungen bleibt aber nicht bei den Darstellern. Er verbreitet sich auch über die Zuschauer. Welcher Gewinn ist nicht schon allein die Befreiung von dem philisterhaften Vorurtheile: im gemeinen Volke sei nichts zu schätzen als seine leibliche Kraft, welche es im Feldbau zum allgemeinen Nutzen verwendet, sowie der Erwerb der Einsicht, daß im Volke noch ein Reichthum von Gemüthleben ist, wovon die höhern Schichten der Gesellschaft keine Ahnung haben?

Die gebildeten Besucher, welche vielleicht von den Grundwahrheiten des Christenthums weniger wissen, als der kleinste Schulknabe in Ober-Ammergau, können sich hier an längst Vergessenes wieder erinnern lassen. Diese Erinnerung wird ihnen sicher im Verlauf ihres fernern Lebens, vielleicht sogar in der Todesstunde zu Statten kommen. Durch Alles, was man bei der Aufführung der Passion sieht, wird das Gemüth ergriffen und für die dargestellte Wahrheit gewonnen. Es ergeht nicht wenigen Gästen wie dem Volke auf dem Calvarienberge, das sich an die Brust schlug und stillschweigend davon ging.

Das minder gebildete Volk, das zu diesem Spiele von Nah und Fern herbeizieht, gewinnt dabei in anderer Weise. Hin- und Herreise werden durch Gebet geheiligt. Nicht Neugierde, sondern Liebe zum Heilande, Sorge für das Seelenheil zieht diese Leute herbei. Acht Stunden werden gottesdienstlich am Orte selbst zugebracht. Man feiert den Todestag des Herrn, wie es alle Jahre geschehen sollte, aber noch nie geschehen ist. Man lernt erst hier diesen Tag der Trauer recht feiern. Die Charfreitagspredigten in den verhüllten Kirchen machen jetzt einen weit tiefern Eindruck. Nachdem es den Hergang der heiligen Passion leibend und lebend vorübergehen sah, versteht das Volk die heiligen Ceremonien weit besser. Man weiß sich im Geiste nach Jerusalem zu versetzen, denn man war schon dort. Alle Einzelnheiten der Passion sind dem Sinne gegenwärtig; denn man schaute dieselben bereits mit eigenen Augen. Luther sagte daher schon mit Recht: „Solche Schauspiele prägen sich dem Volke ein und bewegen es oft mehr, als Predigten."

Volk wie Gebildete aber haben durch Beiwohnen des Passionsspieles für die tägliche Betrachtung des Leidens unsers Herrn Unschätzbares gewonnen. Wer vermag sich in seinen Gedanken längere Zeit bei einem Momente dieses Leidens aufzuhalten, wenn er davon nur gehört, nie eine bildliche Darstellung davon geschaut hat? Schon die 14 Stationsbilder erleichtern jene Betrachtung unglaublich. Darin haben wir aber nur einen Theil jenes erhabenen Leidens, wenn auch den vorzüglichsten. Gewöhnlich sind es nur Gemälde. Wir wissen allesammt, daß schon plastische Vorstellungen dieser 14 Auftritte einen weit größern Eindruck machen. Hier in Ober-Ammergau haben wir die Passion vollständig und in lauter lebendigen Bildern. Alles bewegt sich, Alles lebt, Alles entwickelt sich vor unsern Augen, wie es durch kein Gemälde, noch Bildnerkunst geschehen könnte.

Nachdem ich des alle Erwartungen übertreffenden Erfolges des Ober-Ammergauer Passionsspieles persönlich gewiß geworden, würdige ich auch Lavaters Bemühen, welcher in seinem „Pontius Pilatus“ zu zeigen bemüht war, wie es doch kein dramatischeres Werk gebe, als die Bibel, besonders aber die Leidensgeschichte Christi für das Drama aller Dramen zu erklären sei. Letzteres wird Jeder zugestehen müssen, der mit unbefangenen Sinne unserem Passionsspiele beigewohnt hat.

Die Besucher des Passionsspieles i. J. 1860 werden finden, daß die vorstehende Darstellung mit Ausnahme dessen, was über das Spiel einzelner Darsteller geäußert worden, auch noch heute zutrifft. Schon die Einsicht des Programmes wird sie belehrt haben, daß bezüglich des Musiktextes und die alttestamentlichen Vorbilder mit Ausnahme des Achitophel nichts verändert ist. Auch an dem äußern Bau des Drama ist nicht gerüttelt. Die sparsamen Abänderungen beziehen sich hauptsächlich auf Stoff und Form des Dialogs. Auch hiebei ist höchst behutsam zu Werke gegangen. Der Revisor war vornämlich nur auf Entfernung nutzlosen Beiwerkes bedacht. So ist die Bestellung des Speisesaales zum heil. Nachtmahle durch Petrus und Johannes kürzer gefaßt und noch der vierten Handlung angereiht. Das Besichtigen des Saales, das Entgegengehen, der Empfang Christi durch den Hausherrn sind hinweggelassen. Beim Beginne der fünften Handlung erscheint Christus bereits im Kreise der Jünger am Tische. In der sechsten Handlung sind die Reden, in denen nur die Bedenklichkeit über das Worthalten der Händler ausgedrückt war, hinweggeblieben. Nach kurzer Einleitung durch Kaiphas kommt Judas von seinem Hauptverführer herbeigebracht in die Rathsversammlung. Erst nach der hier getroffenen Verabredung wird das Wort: unser Feind sterbe! zum ersten Male laut ausgesprochen. Bei Pilatus erscheint Christus zum besondern geheimen Verhöre nur einmal. Was Christus nach der evangelischen Erzählung beim zweiten Verhöre gesprochen, wird ihm jetzt bei dem einzigen Verhöre mit in den Mund gelegt. Diese Vereinfachung verhütet das mehrmalige Auftreten der Priester. In der zwölften Vorstellung sind die der Haupthandlung bei Herodes vorangehenden und nachfolgenden wenig bedeutenden Scenen gestrichen. Da die Empörungsscene sich nicht wiederholt, mußte auch der Zwischenauftritt: Marie mit ihrer Begleitung in einer Straße Jerusalems hinwegbleiben. Dagegen tritt Maria ihrem mit dem Kreuze beladenen Sohne nur auf seinem Wege nach Calvaria entgegen. Es wird nämlich bei der fünfzehnten Handlung das dreitheilige Theater in allen Räumen zugleich benutzt. Zuerst erscheint Maria mit ihrer Begleitung rechter Hand als von Bethania herkommend. Aus der Mittelbühne kommt Simon hervor. Aus der Straße links tritt der Kreuzigungszug, nachdem man schon lange den Tumult vernommen, hervor. Nach der Grablegung erscheinen jetzt die Priester nicht mehr, um eine Grabwache zu erbitten. Dafür ist der siebzehnten Handlung die Erscheinung des Auferstandenen vor Magdalena neu hinzugefügt, damit die letzte der Handlungen nicht mit dem Frohlocken der Feinde über seinen Untergang, sondern mit dem Jubel der Freude Christi über seinen Sieg schließe und so den Uebergang zu dem darauf folgenden Alleluja bilde.

setzt sind, so daß der Betende also in Gemeinschaft mit dem Priester betet. Durch schöne Ausstattung und sehr billigen Preis hat es sich bereits die Gunst des Publikums erworben.

Fick, J. A., Lehrbuch der allgemeinen Geschichte für Schule und Haus. 3 Bde. gr. 8. fl. 3. 36 kr. od. Rthr. 2. 7½ Ngr.

I. Alte Geschichte	54 kr. od. 17½ Ngr.
II. Mittlere Geschichte	fl. 1. 21 kr. od. 25 Ngr.
III. Neuere Geschichte	fl. 1. 21 kr. od. 25 Ngr.

Eine neue Auflage dieses in sehr vielen Schulen eingeführten Geschichts-Werkes ist unter der Presse und dürfte in diesem neuen Gewande sich noch mehr Freunde erwerben als es schon bisher besaß.

Ginal, J. A., die lauretanische Litanei zur seligsten Jungfrau. Nach Schrift und Ueberlieferung erklärt für Verehrer Mariens. 8. 48 kr. od. 16 Ngr.

☞ Eine besonnene, verständige, mitunter nicht ohne Salbung und Wärme verfaßte Erklärung der allen kindlich frommen Verehrern Mariens theuren lauretanischen Litanei.

Haneberg, Dr. D., Rede zur Erinnerung an Joseph von Görres. gr. 8. 12 kr. od. 4 Ngr.

Jais, A., das Wichtigste für Eltern, Schullehrer und Aufseher der Jugend und besonders für Seelsorger. 6. Aufl. 8. 24 kr. od. 7½ Ngr.

Lambruschini, A., über die unbefleckte Empfängniß Mariä. Polemische Dissertation mit Anmerkungen von Dr. A. Kellner. 8. 30 kr. od. 10 Ngr.

Landrecht, das bayerische, für den Bürger und Landmann. Mit den Grundzügen der Verfassungsurkunde des Königreichs Bayern und einem Anhang: das Statutarrecht der Haupt- und Residenzstadt München. Ein unentbehrliches Handbuch für jeden Geschäftsmann. Leichtfaßlich erklärt und herausgegeben von einem praktischen Juristen. gr. 8. fl. 1. 12 kr. od. 22½ Ngr.

Leben, das, der heiligen Theresia, von ihr selbst beschrieben. Mit Gebetsübungen zum Gebrauche für neuntägige Andachten. 2. Aufl. mit 1 Stahlst. 27 kr. od. 7½ Ngr.

Lechner, P. Pet., Leben des heil. Johann von Gott, Stifter des Ordens der barmherzigen Brüder. Mit Approbation. gr. 8. fl. 1. ob. 20 Ngr.

Permaneder, M., die kirchliche Baulast oder die Verbindlichkeit der baulichen Erhaltung und Wiederherstellung der Cultusgebäude. Aus den Quellen des gemeinen canonischen und bayerischen Partikularrechtes dargestellt. 2. Aufl. gr. 8. fl. 1. 24 kr. ob. 24 Ngr.

Ravignan, Pater de, von dem Bestande und der Verfassung der Jesuiten. Aus dem Französischen. gr. 8. 36 kr. ob. 12 Ngr.

Rietter, Dr. A., Moral des heil. Thomas von Aquin. gr. 8. fl. 4. 30 kr. ob. Rthlr. 2. 21 Ngr.

Die Wiener Literaturzeitung, der Central-Anzeiger für Freunde der Literatur, Bruner in der Vorrede seines zweiten Bandes der „Lehre vom Rechte und der Gerechtigkeit," die Beilage des schlesischen Kirchenblattes, die kath. Literaturblätter zur Sion und zum Pastoralblatt u. a. Bl. haben sich sehr anerkennend über diese Schrift ausgesprochen. Im schlesischen Kirchenblatt z. B. ist unter Anderm zu lesen: „Um ein möglichst vollständiges Bild von der Ethik des hl. Thomas zu geben und einen Einblick in dieselbe möglich zu machen, hat der Verfasser der übersichtlichen Darstellung der Sittenlehren dieses großen Kirchenlehrers sehr wichtige Erörterungen über den ethischen Gehalt, die Methode dieser Schriften, sowie über Psychologie desselben vorangeschickt. Die Darstellung der Ethik des hl. Thomas verräth in ihrer Einfachheit und Klarheit ein gründliches Studium der Schriften des hl. Vaters und bietet Geistlichen ein treffliches Lehrbuch, was ihnen zugleich von praktischem Nutzen für die Seelsorge sein wird." Die Literaturblätter äußern: „Mit Freude und Begierde griff ich nach diesem Buche denn eine solche historische Studie auf ethischem Gebiete fehlte uns ... Rietter's Werk ist eine treffliche Studie; man sieht, wie lange und ernst er sich mit dem großen Scholastiker beschäftigt hat. Zudem hat er viele treffliche eigene Bemerkungen beigegeben, eine gute Ordnung eingehalten und seinen Gegenstand möglichst erschöpft. Es ist ein lehrreiches Buch, was man mit Nutzen liest und gar oft zu Rathe ziehen kann." Daß diese Schrift auch im Auslande bereits Anerkennung gefunden hat, geht aus dem Gesuche eines bekannten Uebersetzers mehrerer deutscher Werke in Besançon hervor, dieselbe ins Französische übertragen zu dürfen. Der darin verfolgte praktische Zweck, durch Darstellung der Sittenlehre des hl. Thomas ein kurzgefaßtes Lehrbuch der Ethik zu liefern, macht dieselbe insbesondere für Kandidaten der Theologie und jüngere Geistliche zu einem empfehlenswerthen Buche.

Schegg, Dr. P., der Prophet Isaias. 2. Bde. gr. 8.

fl. 4. 30 kr. ob. Rthlr. 2. 24 Ngr.

— — die Psalmen, übersetzt und erklärt für Verständniß und Betrachtung. 2 Bde. in 4 Abthl. 2. Aufl. gr. 8.

fl. 10. ob. Rthlr. 6.

— — die heiligen Evangelien, übersetzt und erklärt. 1ter bis 3ter Theil. Evangelium nach Matthäus. 1ter bis 3ter Bd. gr. 8. fl. 10. ob. Rthlr. 6.

Der Verfasser ist längst dem katholischen Deutschland durch seine Commentarien über die Psalmen und Isaias bekannt und werth geworden. Die Vorzüge jener Commentare, katholischer Geist, Gründlichkeit, Klarheit der Gedanken und eine schöne leicht verständliche Darstellung sind auch den erschienenen Bänden des Commentars über die heiligen Evangelien eigen, deren erste drei das Evangelium des heiligen Matthäus umfassen. Der 4. Theil des ganzen Werkes, den 1. Theil das Evangelium des heiligen Lukas enthaltend, ist bereits unter der Presse und ist die schöne, gelungene Arbeit des hochw. Hrn. Verfassers nicht allein eine Zierde für jede Bibliothek, sondern für jeden jüngeren oder älteren geistlichen Herrn ein äußerst wichtiges, ja unentbehrliches Werk bei Betrachtung der Evangelien und Vorbereitung zur Predigt.

Schäzler, Dr. Const. v., die Lehre von der Wirksamkeit der Sakramente ex opere operato in ihrer Entwicklung innerhalb der Scholastik und ihrer Bedeutung für die christliche Heils-Lehre dargestellt. gr. 8. fl. 3. ob. Rthlr. 1. 25 Ngr.

Der gelehrte Verfasser sagt in der Vorrede: In der vorliegenden Untersuchung soll nicht der Schrift- und Traditionsbeweis geführt werden. Die nachtridentinische Theologie hat gerade in dieser Richtung, veranlaßt durch die Polemik gegen den Protestantismus schon Bedeutendes geleistet. Dagegen fand die ganze mittelalterliche Ausführung der Lehre von der Wirksamkeit der Sakramente nur selten die gebührende Würdigung. Pflegten zwar die großen Stammhalter scholastischer Theologie in der nachtridentinischen Periode von den Arbeiten ihrer mittelalterlichen Vorgänger gewissenhaft Akt zu nehmen, so gestattet doch die ganze Anlage jener Werke keinen tiefer gehenden Einblick in den inneren Fortschritt der altscholastischen Lehr-Entwicklung. Aus diesem Grunde hielt ich es für kein überflüssiges Unternehmen den ganzen Proceß rüstiger Gedankenarbeit, durch welchen im Mittelalter der später dogmatisch fixirte Begriff des opus operatum hindurch gegangen ist, nochmals, in engem Anschluß an die Quellen, zu durchdenken. Das Resultat meiner Bemühungen übergebe ich hiermit dem theologischen Publikum u. s. w.